Conoce el Propósito de Dios
Jehová quiere que seas parte de su Propósito

Rodríguez, Marisela
   Conoce el propósito de Dios: Jehová quiere que seas parte de su Propósito / Marisela Rodríguez; edición literaria a cargo de Luis Pedro Videla - 1a ed. - Buenos Aires: Deauno.com, 2013.
   100 p.; 21 x 15 cm.

   ISBN 978-987-680-070-9

   1. Religión. 2. Cristianismo. I. Videla, Luis Pedro, ed. lit. II. Título

   CDD 230

Queda rigurosamente prohibida, sin la autorización escrita de los titulares del copyright, bajo las sanciones establecidas por las leyes, la reproducción total o parcial de esta obra por cualquier medio o procedimiento, comprendidos la fotocopia y el tratamiento informático.

© 2013, Marisela Rodríguez
© 2013, Deauno.com (de Elaleph.com S.R.L.)
© 2013, Luis Videla, edición literaria

contacto@elaleph.com
http://www.elaleph.com

Para comunicarse con el autor: mm2309@hotmail.com

Primera edición

ISBN 978-987-680-070-9

Hecho el depósito que marca la Ley 11.723

Marisela Rodríguez

Conoce el Propósito de Dios

Jehová quiere que seas parte de su Propósito

deauno.com

Contenido

Introducción	9
El Propósito de Dios	11
El Reino de Dios	15
Promesas de Dios	23
Inicio del Plan	31
La caída del hombre	35
Etapa del Plan	39
El llamado	45
Los escogidos	49
El Proceso	61
Victoria en el Proceso	73
Advertencia	87
El final	93
Conclusión	95
Invitación	97
Referencias	99

Introducción

Conoce el propósito de Dios tiene como objetivo darte a conocer los planes que ÉL tiene para Su Creación, y cómo tú puedes ser un colaborador para que el propósito de Dios se cumpla.

A través de los tiempos Jehová ha arrojado luz por medio de Su Palabra, de manera que el hombre pueda comprender como va evolucionando lo que Él ya ha establecido.

Dios conociendo los tiempos, la forma cómo el hombre usaría su libertad de elección y las consecuencias de estas elecciones, diseñó un plan de salvación de manera que los hombres justos y humildes pudieran ser salvos de la destrucción que vendría a la tierra por causa del pecado.

Dios no solo ha mostrado Su justicia perfecta al otorgar salvación a los hombres que de manera sincera, íntegra y honesta practican la verdad, sino que también ha mostrado Su amor y misericordia al darle al mundo entero la oportunidad de arrepentirse y comenzar de nuevo a través de Cristo, bajo la guía del Espíritu Santo.

De generación en generación Dios ha ido dándole forma a lo que ya estableció, y en estos tiempos que estamos viviendo no es diferente, Él continúa trabajando. En esta etapa de la elaboración de Su Plan, Dios quiere darte a conocer de una manera más clara acerca de Su diseño, y cómo **tú** puedes ser un discípulo voluntario de Dios en darle forma.

El Propósito de Dios

*Enjugará Dios toda lágrima
de los ojos de ellos;
y ya no habrá muerte,
ni habrá más llanto,
ni clamor, ni dolor; porque
las primeras cosas pasaron.
Y el que estaba sentado en el trono dijo:
He aquí, yo hago nuevas todas las cosas...*
(Apocalipsis 21:4-5)

Establecer Su Reino Eterno en la tierra es la culminación del propósito de amor de Dios, pero este propósito tuvo un inicio y un desarrollo que todavía está en elaboración. El propósito se originó mucho antes de la fundación del mundo, se estableció mediante un juicio en el jardín de Edén y se ha llevado a cabo mediante promesas que dieron lugar al plan de salvación.

A través de los siglos Dios ha ido dándole forma a Su plan y es de esto que el Señor quiere hablarte y al mismo tiempo involucrarte.

Propósito: la palabra original usada en Antiguo Testamento, en el idioma hebreo es "Lebáb" que también significa: voluntad o deseo. En el Nuevo Testamento, en el idioma griego se usan las palabras "Gnóme" que significa: conocimiento, opinión, resolución, querer, decisión o juicio. Y la más común "Prodsesis" que significa: desear, intención, designio o presentar propuesta.

Según el diccionario El Pequeño Larousse, propósito es aquello que alguien se propone hacer. En este caso nos referimos específicamente al propósito de Dios, el cual está relacionado directamente con Su voluntad y deseo de restaurar la creación.

Dios restablecerá todo lo que Él creó, a su estado original, lo que estuvo en Su corazón desde el principio, **una tierra perfecta para seres humanos perfectos**.

Dios quiere levantar a los hombres de la muerte espiritual ocasionada por el pecado, quiere reconciliar a los hombres con Él mismo y a los hombres entre sí. Jehová tiene el firme propósito de que tanto judíos como gentiles (no judíos) sean un solo pueblo de Dios a través de Su Hijo Jesús y que crezcamos hasta llegar a ser un templo santo, una morada de Dios en el Espíritu (Efesios 2:22).

En otras palabras Dios quiere que nuestro yo interior llegue a ser semejante a Él, a Su imagen, que seamos naturalmente santos, perfectos, con deseos, pensamientos, sentimientos y cualidades perfectas.

...Sed santos, porque Yo soy santo.
(1 Pedro 1:16)

Dios creó al hombre a Su imagen y semejanza, por lo tanto las personas tienen buenas cualidades. Él le ha dado al hombre habilidades, capacidades, talentos, dones especiales, pero el gobernante de este mundo, Satanás (1 Juan 5:19), se ha encargado de que el hombre administre incorrectamente todo lo que Dios ha puesto en sus manos.

Dios comprende la naturaleza caída del ser humano y se entristece por ella, es por eso que Él quiere darnos la oportunidad de ser restaurados. **Es el propósito de Dios enseñarnos el camino, guiarnos por el y protegernos en el trayecto.**

La voluntad de Dios es también el plan perfecto que Dios ha diseñado para Su creación y para cada persona. Entendamos que Dios es soberano y hace lo que le place, de igual manera desea que toda la gente haga Su voluntad.

Esto no quiere decir que la voluntad de Dios sea arbitraria, ya que Dios nos ha dado la libertad de elegir. Pero si reconocemos que la voluntad de Dios siempre es perfecta, agradable y buena, también entenderemos que todo lo que Dios nos pide es para nuestro bien. Dios en Su conocimiento absoluto de todas las cosas que Él creó, sabe que es lo que nos conviene y lo que nos dará bienestar, gozo, paz y felicidad.

Para expresar el propósito de Dios de una manera sencilla, lo compararé a un plano de una gran casa que un arquitecto diseñó y poco a poco ha ido dándole forma. Aunque la intención principal de este libro es darte a conocer el estado actual de esta construcción y el deseo de Dios de que tú, junto a otros que ya están, entres a formar parte de los trabajadores que participarán en la obra, quiero que te familiarices con el diseño y el progreso y la culminación de esta construcción.

Es importante que sepas que la invitación es gratis, pero que tu trabajo tendrá salario y que finalmente, tú disfrutarás por la eternidad de esta gran casa.

Para que entiendas claramente a que me refiero cuando hago estas comparaciones te explicaré en forma breve lo que quiero decir, y luego a medida de que vayas leyendo este libro podrás entender de una forma más detallada lo que Dios quiere darte a conocer:

- *Una gran casa*: El Reino de Dios y su establecimiento pleno en la tierra.

- *El diseño*: El plan de Dios de salvación para la humanidad a través de Su Hijo Jesús.

- *La elaboración*: Es el proceso mediante el cual se va dando a conocer como se inicia el plan, como se va desarrollando hasta llegar a su fin, y especialmente en qué etapa está.

- *Trabajadores en la obra*: todos los que están siendo llamados, escogidos y preparados a través de procesos y pruebas para colaborar en la gran misión de llevar la verdad del evangelio de Cristo por todas las naciones, haciéndolos discípulos una vez que conozcan y crean esta verdad y acompañando esta misión de buenas obras.

- *Salarios y Recompensas*: son las adquisiciones de las promesas de Dios, tanto en este tiempo como después de la resurrección.

EL REINO DE DIOS

Y yendo, predicad, diciendo:
El reino de los cielos se ha acercado.
(Mateo 10:7)

Reino: Comúnmente La Biblia usa la palabra hebrea "Malkú" en el Antiguo Testamento, y la palabra griega "Basileia" en el Nuevo Testamento, para referirse a reino. En el diccionario secular, El Pequeño Larousse, se define como un territorio gobernado por un rey.

Algunos relacionan el Reino de Dios con el paraíso. **El Paraíso,** según La Biblia, es lo mismo que el Jardín de Edén, lugar donde vivieron Adán y Eva después de la creación y antes del pecado.

Para algunos es un lugar donde los bienaventurados gozan de la presencia de Dios o donde la persona se encuentra muy tranquila y protegida de cualquier amenaza.

Para los judíos el paraíso estaba oculto y a este lugar fueron llevadas las almas de los patriarcas, las personas elegidas y las justas. Ellos consideran que el paraíso antiguo, presente y futuro es la misma cosa.

Jesús utilizó la palabra paraíso para designar el lugar al que van las almas después de la muerte (Lucas 23:43). El apóstol Pablo habló de la experiencia de haber ido al paraíso en el tercer cielo (2 Corintios 12:2-4).

Entendiendo que la primera tierra pasará y que habrá una nueva tierra restaurada por Dios, no es difícil discernir que será un paraíso para los resucitados para vida eterna.

En este caso nos referimos específicamente al Reino de Dios, llamado también: Reino de los cielos, Reino de Cristo y Reino de Su Hijo amado. Jesús también lo llamaba el Reino de mi Padre. Cuando nos referimos al evangelio del reino, la palabra del reino o los misterios del reino, nos estamos refiriendo exactamente al mismo reino.

Cuando Jesús les enseñaba a sus discípulos a orar una de las cosas que les dijo fue que pidieran para que el Reino de Dios venga a la tierra, para que de la misma forma que en el cielo se hacia la voluntad de Dios, de esta misma forma se haga en la tierra. Jesús conocía y entendía la necesidad que tenía el hombre y la importancia de que este reino se estableciera en la tierra.

Es necesario que antes de que una persona tome la decisión de entrar a cualquier organización, se informe primero en qué consiste. Querer pertenecer al Reino de Dios es el mejor deseo y la mejor decisión que un ser humano puede tener, pero aun siendo este un reino perfecto, es la voluntad de Dios que sepas en qué consiste este reino, de que se trata, como podemos entrar y permanecer en él, cuál es la naturaleza de este reino y cuáles son los beneficios.

Para esto es necesario tener fe en lo que Dios nos dice en Su Palabra. La fe no es sorda, La Biblia dice que la fe viene por el oír La Palabra de Dios (Romanos 10:17), por lo tanto debemos tener conocimiento acerca de ella, de hecho es muy importante ya que es a través del conocimiento que podremos saber la verdad y tomar decisiones correctas que nos lleven a heredar El Reino de los Cielos y mucho más.

Debemos conocer nuestro Creador, Jehová, conocer a Su Hijo Jesucristo y conocer Su propósito. *Y esta es la vida eterna: que te conozcan a ti, el único Dios verdadero, y a Jesucristo, a quien has enviado* (Juan 17:3).

El Reino de Dios es el gobierno real y soberano de Dios, es un gobierno que ha establecido Jehová. Este reino no solo es importante para la nación de Israel, sino para todas las naciones del mundo. También es importante para la proclamación del evangelio y para la iglesia.

Jehová ya ha escogido al Rey de este reino, Jesucristo. El Hijo de Dios no vendrá a gobernar una religión sino que gobernará toda la tierra, todos los reinos del mundo por los siglos de los siglos (Apocalipsis 11:15). Su reinado no tendrá fin y será un reino justo, próspero y perfecto.

Él reinará sobre los seres humanos con justicia y compasión, derramará abundantes bendiciones y la humanidad vivirá feliz y en paz para siempre.

Dios tendrá personas integras, sean reyes, presidentes, todo tipo de políticos, gobernadores, doctores, abogados, maestros y todas las instituciones del mundo estarán al servicio de Jesús. Todos, absolutamente todos estarán dispuestos a hacer la voluntad de Dios en cualquier posición laborar o ministerial que se encuentren.

Es necesario que la iglesia renueve su mente con la idea de un Dios que solo se involucra con la iglesia y con las actividades religiosas. Dios dijo que pondría Su Espíritu en toda carne de los que lo reciban y lo obedezcan y así es. Desde ya, Dios está guiando, ayudando y bendiciendo a todo aquel que está dispuesto y determinado a contribuir para el reino de Dios.

En otras palabras, todo aquel que se someta voluntariamente a la autoridad de Cristo desde ahora y para siempre, heredará el reino de los cielos, pero todo aquel que decida seguir viviendo bajo el consejo y las enseñanzas de Satanás será destruido.

... y en los días de estos reyes el Dios del cielo levantará un reino que no será jamás destruido, ni será el reino dejado a otro pueblo; desmenuzará y consumirá a todos estos reinos, pero el permanecerá para siempre (Daniel 2:44).

Jesús no gobernará solo sino que estará acompañado por los escogidos, que en este tiempo están siendo preparados. Estas serán personas fieles, escogidas por Dios para gobernar con Jesús en Su reino (Apocalipsis 5:10). Estas personas al igual que Jesús, quien siendo hombre fue probado en todo y fue fiel hasta la muerte, también ellos conocerán el sufrimiento, lucharán contra la imperfección, las injusticias, las enfermedades, pero serán fieles hasta la muerte (2 Timoteo 2:12).

No todos heredarán el Reino de Dios: lo injustos, los fornicarios, los idolatras, los hechiceros, los adúlteros, los afeminados, los que se echan con varones, los ladrones, los avaros, los borrachos, los maldicientes, los estafadores, los cobardes e incrédulos, los abominables, los homicidas y todos los mentirosos no heredarán, sino que tendrán su parte en el lago que arde con fuego y azufre (1 Corintios 6:9-10) (Apocalipsis 21:8).

Jehová desea que su reino se reconozca mediante el amor, la lealtad y la confianza en Él, por lo tanto está invitando a toda gente de toda lengua, pueblo y nación a ser parte de este reino.

Dios creó la humanidad constituida por hombre y mujer, con el propósito de que se multiplicaran y los creó a Su imagen y semejanza para que señorearan sobre toda criatura de manera perfecta. El hombre fue colocado en medio de la creación para que la administre y represente a Dios.

El propósito de Dios era que el hombre ejerciera dominio de una forma justa y responsable, no con avaricia, parcialidad, despotismo arbitrario, prepotencia, legalismo ni dictadura.

El primer hombre, Adán, comenzó a gobernar el mundo bajo el mando de Dios, así como Dios le puso nombre a todo lo que creo en el cielo, Adán tenía la responsabilidad de ponerle nombre a toda bestia, a las aves de los cielos y a todo animal del campo.

Debido a la caída del hombre, la voluntad perfecta de Dios tiene un pare. El hombre al pecar adquirió la imperfección, por lo que no podría gobernar la creación de manera perfecta y no solo eso, sino que debido a esto Satanás tomó el gobierno del mundo, por lo que el hombre comenzó a tomar decisiones bajo la influencia de Satanás.

El hombre decidió conocer la ciencia del mal, Satanás se ha encargado de enseñársela y el hombre de practicarla.

Desde la caída del hombre, Dios establece un juicio que a su vez inicia un plan de restauración. Él había determinado que la descendencia o simiente de la mujer heriría el gobierno de Satanás, la serpiente antigua (Génesis 3:15), y fue a través de la descendencia de Abraham que Dios inicia todo el plan.

El Reino de Dios comienza mediante las promesas hechas a Abraham y el pacto realizado con él y su descendencia. Abraham fue un hombre de fe, que se relacionó correctamente con Dios y con los demás, este fue el elegido para que toda la tierra sea bendecida a través de él y su simiente (Génesis 12:3).

El Reino de Dios seria reconocido a través de un pueblo obediente, que le permitiera a Dios de manera voluntaria obrar a través de él, de manera que Dios restableciera la creación a su estado original, una nueva humanidad restaurada en una tierra restaurada.

La máxima revelación del Reino de Dios se halla en la persona de Jesucristo, descendiente de Abraham. El ministerio de Juan el Bautista anunció la venida de Jesús y preparó la venida del reino de los cielos. Desde su nacimiento, Jesús fue anunciado como el Rey y en Su crucifixión se consideró como la muerte de un Rey.

Jesús predicó que el Reino de los Cielos se había acercado, sus milagros, la predicación del evangelio, el arrepentimiento, el perdón de pecados, el restablecimiento de la comunión entre Dios y el hombre, la resurrección para vida eterna, su ascensión al cielo y la venida del Espíritu Santo son muestra anticipada del gobierno absoluto y soberano de Dios sobre la tierra.

Muchas de las parábolas de Jesús se relacionan específicamente con el Reino de Dios. Se relacionan en el inicio, el carácter, el valor, el poder, el crecimiento, el progreso, los sacrificios que exige, y la forma prudente en que han de vivir los hombres a la luz del reino hasta su consumación final.

El Reino de Dios también se ha manifestado a través de la iglesia, ya que esta da testimonio del gobierno divino. Los hombres de manera voluntaria, deben ser persistentes en la oración, perdonar a otros, usar de manera correcta los dones y talentos que Dios les ha dado, ser libres de una vida carnal, crecer espiritualmente, mantenerse alerta, ser mayordomos fieles, y recordar que **el juicio final será determinado por su conducta presente**.

La entrada al reino de los cielos está determinada mediante un nuevo nacimiento a través de Cristo. Este nuevo nacimiento conlleva: un arrepentimiento, un perdón, una redención, un llamado divino y por supuesto solo Dios puede otorgar la entrada a este reino eterno.

Todo aquel que decide aceptar la invitación no debe servir más al pecado (Romanos 6:6), acción que es posible mediante el poder del Espíritu Santo, una vez que somos nacidos de Dios (1 Juan 3:9).

En la actualidad los ciudadanos del Reino de Dios moran junto a los habitantes del reino de las tinieblas, pero Dios finalmente eliminará el gobierno de Satanás y a todos sus colaboradores, en su totalidad.

El Reino de Dios es obra de Dios. Este reino no es producto de la imaginación humana, no es una fábula, tampoco fue inventado por alguien con buenas intenciones, sino que Dios lo trajo al mundo por medio de Cristo, y en la actualidad obra a través de la iglesia y finalmente será establecido de manera permanente sobre toda la tierra.

En este tiempo es la iglesia, bajo la autoridad de Cristo, quien tiene la responsabilidad de predicar el Reino de Dios, el regreso de Jesucristo y la consumación del fin de los tiempos, para que de esta manera muchos tengan la oportunidad de arrepentirse, recibir perdón, restauración y pasar a ser parte de los que heredarán el reino.

PROMESAS DE DIOS

*Dios no es hombre, para que mienta,
ni hijo de hombre para que se arrepienta.
El dijo, ¿y no hará?
Habló, ¿y no ejecutará?*
(Números 23:19)

En el Antiguo Testamento no se usaba un término específico para la palabra prometer. En el idioma hebreo solo se afirmaba que alguien dijo algo con referencia al futuro. En el Nuevo Testamento se usa la palabra griega "epangelia", la cual traducida al idioma castellano significa prometer y al usarla se hacía referencia específicamente a las promesas de Dios.

Una promesa es el acto de prometer y siempre se proyecta al futuro. Al hacer una promesa estamos contrayendo un compromiso de hacer algo y establece que este acto con seguridad será hecho. Una promesa puede tratarse de un pacto o un acuerdo, puede ser el anuncio de un acontecimiento futuro o profecía y muchas veces va acompañada de un juramento.

La promesa no siempre tiene un tiempo definido, puede ser para un futuro cercano o lejano, pero una vez hecha se convierte en una obligación para quienes las hacen, lo que quiere decir que tarde o temprano deberá ser cumplida. Puede darse el caso de que el que la haga establezca el tiempo de cumplimiento, en este caso la promesa debe ser cumplida en el tiempo ofrecido.

Una persona que no cumple sus promesas es una persona en la cual no se puede confiar. Por lo tanto es muy importante que cumplamos nuestras promesas y si no estamos seguros de poder cumplir, mejor es no prometer.

En el caso de las promesas hechas por el hombre muchas veces terminamos decepcionados, pero cuando hablamos de las promesas que vienen de Dios podemos descansar ya que Dios siempre cumple sus promesas, porque Él es fiel a lo que promete (Hebreos 10:23).

Aunque las promesas, las profecías, los pactos y los propósitos son dichos o hechos que tienen cierta relación, también tienen sus diferencias, las cuales es importante conocer.

La promesa regularmente se relaciona con bendiciones, en cambio la profecía puede estar relacionada con bendiciones o juicios. Por lo general las promesas de Dios abarcan toda la raza humana, por lo que se van estableciendo de generación en generación, en cambio las profecías van dirigidas a sucesos, personas, pueblos, culturas o naciones específicas.

Existen promesas con condiciones y otras sin condición. Cuando la promesa es hecha sin establecer condiciones, tanto la promesa como la profecía de Dios son una afirmación de que algo inevitablemente se cumplirá. Pero cuando es hecha con condiciones tanto el que la recibe como el que la hace deben cumplir su parte y generalmente se les llama, un pacto.

Las promesas con pactos y los propósitos de Dios, pueden no cumplirse con determinados hombres incrédulos o algunos que al no cumplir con su parte del acuerdo establecido, quebrantan el pacto. Si el hombre no cumple su parte del trato, Dios no tiene la obligación de cumplir con lo prometido, por el contrario el juicio de Dios podría venir sobre esta persona, pueblo o nación.

Está el ejemplo de los israelitas: seiscientos mil hombres, sin contar los niños, salieron de la cautividad de Egipto, con rumbo a la tierra prometida (Éxodo 12:37), pero prácticamente todos fueron destruidos (Judas 5). Cuarenta años más tarde solo dos hombres (Josué y Caleb) entraron a la tierra que Dios había prometido a Abraham. Estos dos hombres entraron a Canaán con los niños que salieron de Egipto y los que nacieron en el desierto, todos los demás murieron.

En el caso de los propósitos de Dios en una persona, estos podrían no llevarse a cabo si esta persona no se deja guiar por Dios. Dios no obliga a nadie, para que el propósito de Dios se cumpla en tu vida, tú debes estar de acuerdo y trabajar diligentemente bajo la guía de Su Espíritu. El que Dios te dé a conocer Sus propósitos en tu vida no quiere decir que está profetizando que estos se cumplirán.

Existen personas a quienes Dios, quien conoce su futuro, les permite saber las alternativas y les advierte las consecuencias que le sobre vendrán debido a determinadas acciones, este conocimiento los llevan a tomar decisiones, pero esto no quiere decir que Dios los obliga.

Todos fuimos creados con un propósito diseñado por Dios, pero debido a nuestras decisiones no todos cumpliremos ese propósito.

Hay promesas colectivas y personales. Las colectivas como su nombre lo indica abarcan familias, pueblos o naciones. Las personales son las que Dios tiene para cada uno de nosotros de manera individual, ya sea por peticiones que le hayamos hecho o sencillamente porque Dios tiene más que darnos que nosotros que pedirle y a Él le place hacerlo.

Recordemos la importancia de ser obedientes y fieles a Dios en todo nuestro caminar con Cristo en esta vida, la importancia de ser pacientes y de mantener una buena actitud mientras esperamos la promesa personal de Dios para nuestras vidas, y la importancia de confiar y creerle a Dios (Hebreos 10:36).

Por medio de La Biblia y de los libros históricos podemos conocer las promesas divinas y el cumplimiento de dichas promesas. También nos dan a conocer las promesas que todavía no se han cumplido, pero que indudablemente se cumplirán.

Las promesas de Dios van entrelazadas desde el principio con Sus propósitos y voluntad. Todas las que no se han cumplido serán una continuidad de las que ya han pasado. Es por esto que **los propósitos y la voluntad de Dios son el fundamento de sus promesas.**

Las promesas de Dios tienen un plan diseñado y objetivos específicos para cada etapa. En ellas se abarcan hechos desde el principio hasta el final de los tiempos. Los planes de Dios no son solo para un grupo, sino para todas las naciones de la tierra.

La promesa de Dios comienza con una declaración hecha a Eva, luego a Abraham y luego fue pasando de generación en generación hasta llegar el Mesías y luego a todas las naciones. Abarca la promesa de una simiente o descendencia, la promesa de una herencia y la promesa de bendecir a todas las naciones. Estas abarcan las demás, entre ellas la adquisición de un pueblo (Israel) y las promesas condicionales hechas al mismo (debían ser obedientes):

1. Él sería su Dios
2. Ellos serían Su pueblo
3. Él moraría con ellos
4. Él sería Su Padre
5. Ellos serían sus hijos y más (Levíticos 26:1-13)

Estas promesas, una vez que Jesús pagó el precio, pasan a ser una promesa para todas las naciones de los que crean y reciban a Jesucristo como su Señor. Es aquí cuando el pueblo de Israel y los gentiles se unen en un solo pueblo de Dios.

Es en este tiempo que un remanente escogido por Dios para Cristo, se encarga de proclamar estas promesas y al mismo tiempo están siendo transformados a la imagen de Jesús, para cuando el día determinado por Dios llegue, estos gobiernen con Jesús.

Las promesas de Dios son eternas y abarcan todas las generaciones. Por esto es importante que sigamos predicando estas promesas, las cuales abarcan el evangelio, los tiempos del fin, los juicios de Dios y el cumplimiento final de cielos nuevos y tierra nueva, donde los salvos morarán eternamente y podrán disfrutar de una creación perfecta y un gobierno perfecto bajo el mando del Hijo de Dios, Jesucristo. Toda la tierra se convertirá en un paraíso:

- **Morará la justicia**: *Pero nosotros esperamos, según sus promesas, cielos nuevos y tierra nueva, en los cuales mora la justicia* (2 Pedro 3:13).

- **El hombre vivirá seguro**: *Y mi pueblo habitará en morada de paz, en habitaciones seguras, y en recreos de reposo* (Isaías 32:18). *Y el niño de pecho jugará sobre la cueva del áspid, y el recién destetado extenderá su mano sobre la caverna de la víbora* (Isaías 11:8).

- **No habrá hambre porque no habrá escases de alimentos**: *La tierra dará su fruto; Nos bendecirá Dios, el Dios nuestro* (Salmo 67:6).

- **El hombre vivirá con paz porque no habrá más guerra**: *Y juzgará entre las naciones, y reprenderá a muchos pueblos; y volverán sus espadas en rejas de arado, y sus lanzas en hoces; no alzará espada nación contra nación, ni se adiestrarán más para la guerra* (Isaías 2:4).

- **No habrán delitos, violencias o maldad porque todos los que hacen maldad serán destruidos**: *porque los malignos serán destruidos...* (Salmos 37:9).

- **No habrán más enfermos:** *No dirá el morador: Estoy enfermo; al pueblo que more en ella le será perdonada su iniquidad* (Isaías 33:24).

Promesas a la iglesia de Jesucristo:

- *Al que venciere, le daré a comer del árbol de la vida, el cual está en medio del paraíso de Dios* (Apocalipsis 2:7).
- *El que venciere, no sufrirá daño de la segunda muerte* (Apocalipsis 2:11).
- *Al que venciere, daré a comer el maná escondido, y le daré una piedrecita blanca, y en la piedrecita escrito un nombre nuevo, el cual ninguno conoce sino aquel que lo recibe* (Apocalipsis 2:17).
- *Al que venciere y guardare mis obras hasta el fin, yo le daré autoridad sobre naciones, y las regirá con vara de hierro, y serán quebrantadas como vaso de alfarero; como yo también la he recibido de mi Padre; y le daré la estrella de la mañana* (Apocalipsis 2:26-27).
- *El que venciere será vestido de vestiduras blancas; y no borraré su nombre del libro de la vida, y confesaré su nombre delante de mi Padre, y delante de sus ángeles* (Apocalipsis 3:5).
- *Al que venciere, yo lo haré columna en el templo de mi Dios, y nunca más saldrá de allí; y escribiré sobre él el nombre de mi Dios, y el nombre de la ciudad de mi Dios, la nueva Jerusalén, la cual desciende del cielo, de mi Dios, y mi nombre nuevo* (Apocalipsis 3:12).

- *Al que venciere, le daré que se siente conmigo en mi trono, así como yo he vencido, y me he sentado con mi Padre en su trono* (Apocalipsis 3:21).

Antes bien, como está escrito; Cosas que ojo no vio, ni oído oyó, Ni han subido en el corazón del hombre, Son las que Dios ha preparado para los que le aman (1 Corintios 2:9). **¿Amas tú a Dios?**

Inicio del Plan

*Y vio Dios todo lo que había hecho,
y he aquí que era bueno en gran manera...*
(Génesis 1:31)

En el principio Dios creó los cielos y la tierra (Génesis 1:1-30). La Palabra no especifica de manera detallada cómo Dios creó Su Reino Celestial, pero a través de lo que nuestros ojos pueden ver (Salmos 19:1), lo que nuestro espíritu puede sentir y lo que Dios nos ha permitido entender, podemos decir que el Eterno Dios Padre, Jehová, creó los cielos y todo el ejercito que en ellos habitan (Salmos 148:1-5), siendo Jesús, Su Hijo, el primogénito de toda creación (Colosenses 1:15-17).

Todo fue creado por medio de Él y todo fue creado para Él. Antes que todas las cosas fueran creadas ya Cristo existía. Cristo mismo, junto a Su Padre, es creador de todo lo que existe en los cielos y en la tierra.

Desde el principio de la creación Dios se propuso que Su Hijo fuera Rey Eterno de todo lo creado. Pero Dios no obligaría al hombre, sino que le daría la oportunidad de que de manera voluntaria y de corazón quisiera ser parte de este reino eterno.

Esta es la razón por la cual el reino de los cielos es anunciado a todo el mundo para qué todo aquel que se arrepienta de sus pecados y reciba a Jesús como u Señor y salvador pueda adquirir vida eterna y heredar el reino de Dios.

Dios creó todo y lo organizó de manera perfecta (Isaías 40:12-26). No solo ordenó los cielos, sino que también ordenó la tierra. La tierra era toda agua, estaba en oscuridad, desordenada y vacía, por lo que Dios decidió ordenarla, habitarla y poner luz en ella. Con tan solo el poder de Su Espíritu ordenó que sus deseos fueran hechos y así pasó. Todo lo hizo de manera perfecta y conforme a Su voluntad.

El primer día Dios hizo la luz y la separó de la oscuridad y llamó a la luz día y a la oscuridad llamó noche, completando así el primer día.

El segundo día dijo que se formara un espacio infinito, llamado firmamento y separó las aguas. Una parte de las aguas quedó debajo del firmamento y la otra quedó arriba. A este espacio infinito entre las dos aguas los llamó cielos.

El tercer día dijo que todas las aguas que quedaron debajo del cielo se junten en un solo lugar y que la otra parte quede seca, haciendo que toda la superficie de la tierra quedara dividida en dos partes, las aguas (hidrosfera) y lo seco (geosfera). A las aguas llamó mares y a lo seco llamó tierra.

Dijo que de la tierra brote toda clase de vegetación y de la tierra brotaron hiervas verdes, plantas y árboles frutales con sus respectivas semillas, de manera tal que pudieran reproducirse.

El cuarto día dijo que haya luces en la expansión de los cielos y se formaron la lumbrera mayor, la lumbrera menor y las estrellas, para que alumbren la tierra, para que separen el día de la noche y para que marquen las estaciones, los días y los años. La tierra quedó alumbrada, el día quedó alumbrado por la lumbrera más grande, el sol y la noche quedó alumbrada por las estrellas y la lumbrera más pequeña, la luna.

El quinto día dijo que las aguas se llenen de peces y de todo ser vivo acuático, grandes y pequeños. También dijo que haya toda clase de aves que vuelen sobre la tierra. Dios los bendijo y les dijo a los seres vivos del mar que tengan muchas crías según su género, para que llenen las aguas y a las aves que se reproduzcan en grandes cantidades según su especie.

El sexto día dijo que en la tierra haya toda clase de animales domésticos, salvajes y reptiles, todos según su especie. También en este día dijo: Hagamos al hombre y lo hizo Dios a Su imagen y semejanza, varón y hembra los creó, para que ejerzan poder y dominio sobre todo animal creado, los peces, las aves, los animales domésticos, salvajes y reptiles.

Dios formó el cuerpo del hombre del polvo de la tierra y sopló en su nariz el aliento de vida. También plantó un Jardín en Edén y allí colocó al hombre y a la mujer que formó de la costilla del hombre, con el propósito de que fuera una ayuda ideal para el hombre.

Jehová bendijo al hombre y a la mujer y les dijo: Tengan muchos hijos, llenen la tierra y adminístrenla. También les dijo: que los animales se alimentarían de toda hierva verde y que el hombre se alimentaría de toda planta y árboles frutales, excepto del árbol del conocimiento del bien y del mal que se encontraba en el centro del Jardín de Edén. Más tarde, después del diluvio le permitió comer animales con algunas condiciones y excepciones.

Desde el principio fue el propósito de Dios que el hombre se multiplicara, que viviera eternamente en la tierra, que la administrara de manera correcta, que fuera perfecto en sus atributos, que tuviera una vida ética conforme a Él y que tuviera plena comunión con Él. Tristemente el hombre cayó.

La caída del hombre

*Y vio la mujer que el árbol
era bueno para comer,
y que era agradable a los ojos,
y árbol codiciable para
alcanzar la sabiduría;
y tomó de su fruto, y comió;
y dio también a su marido,
el comió así como ella.*
(Génesis 3:6)

La desobediencia fue el motivo de la caída del hombre. Muchas personas, de manera irreverente, cuestionan a Dios acerca de la colocación del árbol del conocimiento del bien y del mal en el Jardín de Edén y la prohibición de comer de este árbol. ¿Por qué colocó Dios el árbol si el hombre no podía comerlo? ¿Por qué coloco también a Satanás en el huerto del Edén? Incluso muchos blasfeman el nombre de Dios al acusarlo de jugar con el hombre. Tal vez tú, al igual que otros, aunque no de manera irrespetuosa e irreverente hacia Dios, has preguntado "¿Por qué?"

La respuesta es esta:

Primero debes reconocer que Dios es perfecto, por lo tanto todo lo que hace es correcto. Desde el principio Dios creó al hombre con libre albedrío, lo creó para que fuera libre de decidir. Para el hombre elegir necesita alternativas, por lo que el árbol del conocimiento del bien y del mal fue la alternativa para que el hombre eligiera libremente si quería obedecer a Dios o seguir su propio juicio.

Era el deseo de Dios que el hombre eligiera lo correcto, que el hombre siguiera sus indicaciones que eran perfectas, pero el hombre no obedeció. De antemano Dios les advirtió la consecuencia, pero fue decisión del ser humano no escuchar lo que Dios le había dicho.

Como ya sabemos, al inicio de la creación Dios concedió al hombre el gobierno del mundo bajo Su guía, pero al desobedecer el primer hombre, este gobierno lo tomó Satanás.

En el libro "Conoce a tu enemigo invisible" encontrarás una información más detallada de todo lo referente a Satanás, desde su gobierno, su rebelión contra Dios, su oposición, y el cumplimiento de su juicio. Pero de manera breve quiero que conozcas la participación de Satanás en la caída del hombre.

Satanás, querubín creado por Dios, fue colocado en el jardín de Edén como guardián, como protector en el monte santo de Dios. En este mismo lugar Dios puso al hombre, para que lo labrara. Revelándose Satanás contra Dios, engañó al hombre y este decidió creer la mentira de Satanás y no la verdad que Dios le había dicho.

Desde entonces el hombre está pagando la consecuencia de sus elecciones. La imperfección, la muerte y la destrucción tomaron su parte en la tierra, pero Dios que es rico en misericordia y en amor, le dio la oportunidad al hombre para que recupere su posición inicial, y bajo el reinado de Su Hijo Jesús, pueda administrar la tierra nuevamente.

Dios elaboró un plan para llevar a cabo su propósito y que el hombre lo conociera. Para esto eligió un pueblo, quien sería responsable de darlo a conocer.

En el libro "Conoce al Dios verdadero" encontrarás de una manera más detallada acerca del conocimiento de Dios.

Dios prometió enviar un salvador a través del cual traería justicia a la tierra, promesa que se cumplió con el nacimiento, la vida y la muerte de Cristo.

En el libro "Conoce a Jesús el Hijo de Dios" tendrás la oportunidad de saber todo lo referente al cumplimiento de esta promesa.

También prometió derramar Su Espíritu sobre toda carne, el cual le daría el poder a Su pueblo de vencer a Satanás.

En el libro "Conoce al Espíritu Santo de Dios" tendrás la oportunidad de adquirir dicho conocimiento. Es necesario que de una forma ordenada sigamos la trayectoria del plan de Dios.

A todo esto le sigue una secuencia de acontecimientos que son importantes para cada uno de nosotros, los que amamos a Dios y Su justicia, los que deseamos que Su voluntad se lleve a cabo.

Una vez que tenemos el conocimiento de todos los sucesos pasados, desde la creación hasta el periodo actual, que es el periodo de gracia a través de Jesús, nos será más fácil entender cómo podemos ser parte de plan de Dios en esta etapa de su desarrollo.

Etapa del Plan

*Y por otra semana
confirmará el pacto con muchos;
a la mitad de la semana hará cesar
el sacrificio y la ofrenda.
Después con la muchedumbre de las
abominaciones vendrá el desolador,
hasta que venga la consumación,
y lo que está determinado
se derrame sobre el desolador.*
(Daniel 9:27)

Aunque Jehová ha determinado los tiempos, no le toca al hombre saber la hora ni el momento determinado por Dios para que lo que Él ha establecido se cumpla. Solo somos testigos de las profecías que se han cumplido y creemos por fe que lo que falta sin duda acontecerá.

A los profetas de la antigüedad se les reveló la llegada del Mesías y los sucesos que corresponderían a Su nacimiento y Su muerte. Más tarde supimos que Su muerte fue el sacrificio eterno para que todo aquel que se arrepintiera recibiera perdón de todos sus pecados y que por medio de la fe en Cristo se reconciliaran con Dios, recibieran vida eterna, salvación, justificación y santificación.

Después de esto no serían ya necesarias las ofrendas ni los sacrificios continuos de la ley, para perdón de pecados, sino que de una vez por todas, el sacrificio de Jesús en la cruz del calvario fue eternamente suficiente.

Fue al profeta Isaías y al profeta Daniel a quienes se les habló de una forma más directa acerca del cumplimiento de estos tiempos. Se les declaró acerca del Mesías y del final de los tiempos. Aunque ellos mismo no pudieron entender todas las profecías, para nosotros es un hecho que el Mesías vino a la tierra y cumplió con todo lo establecido por Dios. Luego volvió a subir al cielo y está sentado a la derecha de Dios hasta que todos sus enemigos sean puestos por estrado de sus pies (Salmos 110:1).

El Hijo de Dios regresará y vencerá a todos los reyes de la tierra, pero antes enviará sus ángeles y juntará a sus escogidos, los cuales estarán con Él eternamente.

Fue al discípulo Juan a quien años más tarde se les dieron una serie de revelaciones, las cuales están escritas en el libro de Apocalipsis, el último libro de La Biblia. Aunque también difíciles de entender para el hombre, pero más detalladas y precisas acerca del final de los tiempos.

Es importante saber cómo finalmente Dios cumplirá todo lo prometido, pero es de mayor importancia saber específicamente la parte que nos toca a nosotros, ya que todo aquel que participe de la primera resurrección, la segunda muerte no tiene potestad sobre éstos, sino que serán sacerdotes de Dios y de Cristo (Apocalipsis 20:6).

Es mejor aprovechar humildemente la oportunidad que tenemos ahora de ser parte de los que resucitarán primero para gobernar con Cristo.

Teniendo el conocimiento de la venida del Mesías y confiando en que regresará, concluimos que estamos viviendo en medio de ese tiempo. Sabiendo también que La Palabra nos dice que Jesús regresará y que buscará a sus escogidos, no es difícil saber que **en este tiempo los escogidos están siendo preparados** para algún día ser levantados y perfeccionados, porque podemos tener la seguridad que aunque tengamos tribulaciones, luchas y batallas en el tiempo de la transformación, esta será completada en el día del Señor (Filipenses 1:6).

El periodo que estamos viviendo ha sido llamado el periodo de gracia, ya que la misericordia de Dios no requiere de ningún sacrificio humano para alcanzar salvación, sino solo la fe en Cristo.

Dios ha llamado a hombres y mujeres en este tiempo para ser colaboradores con Cristo en anunciar estas buenas noticias y así darle la oportunidad de manera imparcial a todo el mundo de alcanzar la salvación.

Por tanto, id, y haced discípulos a todas las naciones, bautizándolos en el nombre del Padre, y del Hijo, y del Espíritu Santo; enseñándoles que guarden todas las cosas que os he mandado; y he aquí yo estoy con vosotros todos los días, hasta el fin del mundo (Mateo 28:19-20).

Ésta ha sido llamada la gran comisión, de la cual todos somos llamados a participar y la cual tiene una conexión directa con el propósito particular que Dios tiene para cada uno de nosotros en este tiempo.

Para esto es necesario pasar por el proceso de arrepentimiento, restauración y preparación. Para la cual Dios envió Su Espíritu Santo, el cual nos irá enseñando todo, paso a paso. Nos enseñará todo lo que debemos saber durante el camino, nos guiará, nos capacitará y nos equipará durante el proceso y finalmente será el mismo Espíritu quien a través de Su poder, en el día señalado por Dios, nos resucitará, nos perfeccionará y nos elevará al cielo.

En este tiempo los llamados tienen la responsabilidad de proclamar el evangelio y de llevar a cabo una serie de obras que han sido preparadas de antemano para que andemos por ellas (Efesios 2:10), pero esto no será sin oposición ya que tenemos un enemigo que al presente tiene poder sobre la tierra, pero finalmente vendrá la consumación de lo establecido por Dios y lo que está determinado se derramará sobre Satanás, porque el ya ha sido juzgado y su condena ha sido establecida.

Es importante que entendamos que aunque no somos salvos por obras, aun así es necesario que la fe actúe juntamente con las obras. Debemos abundar en buenas obras ya que las obras son las que perfeccionan la fe, pues la fe sin obra es muerta (Santiago 2:22-26).

Cuando hablamos de obras nos referimos específicamente a las buenas acciones del hombre. Un ejemplo de estas obras es dado por Jesús cuando dijo:

Porque tuve hambre, y me disteis de comer; tuve sed, y me disteis de beber; fui forastero, y me recogisteis; estuve desnudo, y me cubristeis; enfermo, y me visitasteis; en la cárcel, y vinisteis a mí. Entonces los justos le responderán diciendo: Señor, ¿Cuándo te vimos hambriento, y te sustentamos, o sediento, y te dimos de beber? ¿Y cuando te vimos forastero, y te recogimos, o desnudo, y te cubrimos? ¿O cuando te vimos enfermo, o en la cárcel, y vinimos a ti? Y respondiendo el Rey, les dirá: De cierto os digo que en cuanto lo hicisteis a uno de estos mis hermanos más pequeños, a mi lo hicisteis (Mateo 25:35-40).

Estas obras no solo demuestran que Dios está activo en nuestras vidas, sino que nos ayudan a desarrollar el amor al prójimo, ya que mediante las buenas obras nos identificamos con el dolor y las necesidades de los demás. También nos ayudan a desarrollar un comportamiento apropiado en la nueva vida en Cristo y a no vivir una vida ociosa y egoísta al preocuparnos solo por nuestro bienestar mientras otros sufren.

Tengamos presente que las buena obras no nos libran de la culpa del pecado, no nos regeneran ni nos hacen dignos de adquirir la salvación, pero todo aquel que las ejercita "en Cristo" con un corazón alegre y sincero, para la gloria de Dios, será recompensado.

EL LLAMADO

Y les dijo: Venid en pos de mí,
y os haré pescadores de hombres.
(Mateo 4:19)

El término **Llamado** es utilizado con frecuencia para referirse a alguien a quien Dios llama para salvación y servicio.

En el Antiguo Testamento se usaba la palabra hebrea "Cará" para referirse a "llamar" y la palabra hebrea "Bakjar" para referirse a "elegir o escoger". Este tipo de llamado era más bien una elección de parte de Dios.

El llamado a servir a Dios era hecho de algún modo determinado por Dios, por ejemplo al profeta Moisés le habló a través de una zarza ardiendo (Éxodo 3:4). El llamado también era hecho con un propósito específico. Este llamado requería una relación entre Dios y la persona que Él había escogido.

Cuando Dios llamó al pueblo de Israel para ser Su pueblo, lo separó de otras naciones, les dio promesas y el privilegio de gozar de la protección divina. Este pueblo estaba encargado de dar testimonio de Dios, de dar a conocer a Dios, Su voluntad y Sus juicios.

En el Nuevo Testamento se encuentra el mismo uso, con la diferencia de que el llamado de Dios, ahora es en Cristo Jesús (Filipenses 3:14). En el Nuevo Testamento se usan las palabras griegas "Kaléo" para referirse a "hacer un llamado", la palabra "Klésis" para referirse a "llamamiento", la palabra "Kletós" para referirse a "llamados o invitados", y la palabra "Eklektós" para referirse a "escogido o elegido".

El llamado en Cristo conlleva a adoptar el nombre de cristianos (1 Pedro 4:16), a ser pueblo de Dios, a pertenecerle y servirle (1 Pedro 2:9-10). El llamamiento de Cristo, viene de Dios, es por medio del evangelio y es para que el propósito de Dios se cumpla.

Jesús indica que el llamado es a través de la predicación del evangelio, tiene como propósito extenderse por todo el mundo, para llamar a hombres y mujeres de todas partes a que se arrepientan y crean en Él, para salvación y para ser discípulos.

Todo el que es llamado, es para salvación por el acto de creer, para comunión por medio de la justificación y para servicio por medio de la santificación.

- Cuando creemos en Jesús y lo declaramos Señor de nuestras vidas, adquirimos la salvación.

- Cuando nos arrepentimos de nuestros pecados y tomamos la decisión de cambiar nuestra manera de vivir con la guía del Espíritu Santo de Dios, somos justificados, somos limpiados y la relación que se perdió en el huerto de Edén, es restaurada. Podemos tener comunión con Dios nuevamente.

- Cuando decidimos ser parte de los colaboradores de Su plan, Él nos santifica, nos aparta y nos prepara para que podamos servirle conforme a Su voluntad.

Aunque las palabras llamados, escogidos o elegidos están relacionadas entre sí, existe una diferencia entre los llamados y los escogidos.

Todo aquel que **escucha** la palabra del evangelio está recibiendo un **llamado** para salvación, está siendo invitado a participar en la obra de Dios, a ser un colaborador de Jesucristo, para llevar a cabo el propósito de Dios y para recibir todo lo que Dios ha prometido a Su pueblo.

Solo aquellos que **respondan** a ese llamado serán **escogidos**. Haber respondido al llamado quiere decir que aceptas por voluntad propia y de corazón ser parte del reino de Dios y aceptas ser siervo de Jesucristo para llevar a cabo los propósitos de Dios, lo cual es un privilegio.

El hecho de que muchos no responden al llamado, los hace inmerecedores de la gracia de Dios (Juan 3:36). Algunos han decidido cambiar la verdad de Dios por las mentiras de Satanás, honran y dan culto a seres espirituales de maldad antes que al Creador. Otros viven bajo pasiones y hechos vergonzosos.

Muchos están tan esclavizados por el pecado que no entienden (2 Corintios 4:4), teniendo ojos no ven. Otros teniendo oídos no escuchan, otros se hacen los sordos, ya que el sistema de este mundo los mantiene tan ocupados en sus propios asuntos que prefieren ignorar el llamado de Dios.

Otros viven procrastinando (posponiendo su decisión) con la excusa de que no están listos. No entienden que no tienen que estar listos, solo dispuestos y es Dios quien los transformará poco a poco, ya que Él nos ha dicho que vengamos a Él, como estemos (Mateo 11:28).

Tristemente, algunos solo responden cuando caen en desgracia y en situaciones lamentables, aunque esto es mejor que no responder, ya que muchos a pesar de todo siguen ignorando el llamado y lo que es peor blasfemando el nombre de Dios.

Felizmente siempre ha existido un remanente que ama a Dios, que ama la justicia, que quiere servirle a Dios y desea de corazón hacer Su voluntad, estos escuchan el llamado y responden, al decidir servir a Dios incondicionalmente.

De todos modos debemos tener cuidado con algunos hombres despiadados que usan el engaño para atraer a personas piadosas para beneficio de ellos mismos y no de la obra de Dios (2 Timoteo 3:2-5). **Cuando el llamado no establece relación con los propósitos de Dios, entonces no viene de Dios.**

LOS ESCOGIDOS

Porque muchos son los llamados,
y pocos los escogidos.
(Mateo 22:14)

Si respondiste al llamado eres **Escogido** por Dios. Ya que Dios se relaciona con los seres humanos como criaturas libres, la respuesta debe ser voluntaria. Paso a paso y en la forma que Dios determine, el escogido conocerá todo lo relacionado a su llamado. El método que Dios elija siempre será perfecto.

La elección es parte del plan de Dios para brindar salvación a Su pueblo y al mundo que creó. Es el propósito mediante el cual ha decidido cumplir Su voluntad.

Unos son escogidos para salvación y vida eterna en la tierra, otros son escogidos para vida eterna en los cielos reinando con Cristo, pero todos los escogidos deben servir y glorificar a Dios. Solo Jehová puede determinar el lugar que cada uno de nosotros ocupará y debemos recibirlo con gozo (Mateo 20:23).

Ser escogido se debe estrictamente a la omnisciencia de Dios, Su conocimiento absoluto de todas las cosas, Su voluntad y Su misericordia, no a la bondad humana, ni a la capacidad física, social o intelectual del hombre. Jehová en Su absoluta soberanía, hace lo que Él quiere y tiene misericordia de quien Él quiere (Romanos 9:15).

El que Dios no escoja a algunos no quiere decir que no los ama o que sea injusto, realmente ningún hombre merece Su misericordia. Más bien tiene que ver con la actitud y el corazón duro del hombre. Dios sabe a quien elige y para que (Romanos 3:23), por lo tanto sintámonos agradecidos de que Dios haya tenido misericordia de nosotros y mostremos nuestro agradecimiento.

Cuando Dios te elige, pone Su Espíritu Santo en ti (1 Samuel 16:13) y es a través de Él que se inicia una relación entre Dios y el elegido y una transformación. Dios capacita, guía y protege a los escogidos.

Los elegidos en el periodo de gracia, no solo son llamados para salvación, sino para ser trasformados a la imagen de Jesús (Romanos 8:29), para ser usados por Dios y recompensados al tiempo perfecto de Dios. La recompensa nunca debe ser lo que te motive a servir y serle fiel a Dios ya que Él en su esencia es digno y merecedor de ser adorado mediante todo lo que hacemos.

Es Dios quien determina como quiere usarnos ya que fue Él quien nos creó y sabe para que nos creó, si tratamos de hacer algo diferente nos sentiremos incompletos. **Solo el cumplir con el propósito de Dios en nuestras vidas nos dará plenitud de gozo.**

Dios escoge un individuo o un grupo de personas, con un fin conforme a Sus propios designios. Él conoce de antemano quienes son los que lo aman, quienes quieren hacer Su voluntad y quienes lo van a obedecer, por esta razón los llama con un propósito único, personal e individual.

Cualquier suceso en la vida de los elegidos que aman a Dios les servirá de experiencia y será para bien (Romanos 8:28), Por lo tanto deben mantenerse ecuánimes (equilibrados) y con paz aún en medio de las dificultades.

El hecho de que Dios nos llama con propósitos diferentes debe hacernos entender que nos pedirá cosas diferentes, nos preparará de manera diferente y nos dará dones diferentes. También el tiempo y el tipo de proceso para la preparación serán diferentes. Por lo tanto no debemos basar nuestra relación con Dios en la forma que otros la llevan, debemos dejarnos guiar por el Espíritu Santo de una forma individual.

Forma individual no quiere decir de ninguna manera que estemos desunidos de los demás. Si nos fijamos en el cuerpo, cada parte tiene una función con la cual cumplir, pero sus miembros están unidos y siempre están dispuestos a ayudarse entre sí.

Por ejemplo: el dedo tiene una función específica, pero si te pica un oído el dedo inmediatamente corre a arrascarlo, sin esperar ser recompensado y luego de haber ayudado al oído vuelve a su función.

Esta misma unidad debe existir entre los siervos de Jesucristo, aunque cada uno tiene un llamado diferente, deben ayudarse entre sí, sin desatender su labor y sin esperar ser recompensado por el hombre. Debemos mostrar agradecimiento a los demás, pero con la mira siempre en el Señor.

Tampoco debemos criticar o juzgar la relación de otros con Dios, al fin de cuentas cada uno de nosotros rendirá cuentas a Dios por nuestras propias vidas, nuestras obras, acciones, conducta, palabras y demás, de manera individual.

Esto no quiere decir que no escuchemos o no demos un buen consejo, especialmente si tenemos la experiencia, pero no podemos obligar a los demás a hacer lo que nosotros pensamos, creemos o queremos.

Todo consejo o reprensión debe ser dado con amor, bajo la guía del Espíritu Santo y todo consejo debe ser escuchado y pasado por el colador de La Palabra y por la exanimación del Espíritu Santo.

Cualquiera que sea nuestro llamado debemos ser fieles a él, ya que no seremos juzgados por la cantidad de obras sino por la calidad que desempeñemos la labor que se nos encomendó. Aunque la salvación no es por obra, de todos modos seremos juzgados por nuestras buenas o malas obras y Dios dará a cada quien como merece.

El escogido debe ejercer su llamado con rectitud y amor. No debe ejercer la autoridad que se le haya conferido con injusto dominio, con despotismo o arbitrariedad sobre las almas. Debe ser imparcial, sin hipocresías ni malicias, sin aceptar soborno, y cuando reprenda a alguien por alguna falta debe seguir mostrando el mismo amor sincero.

No debe poner su corazón en las cosas del mundo, ni en las bendiciones materiales, ni en los honores de los hombres. Debe tener cuidado de no encubrir sus faltas, de no darle lugar al orgullo, ni a la ambición desmedida.

Nuestro servicio a Dios no debe ser una competencia entre los elegidos. El mismo Jesús dijo: *El que es el mayor de vosotros, sea vuestro siervo* (Mateo 23:11). Debemos ser buenos administradores de lo que Dios pone en nuestras manos, no tratar de administrar lo que Dios pone en las manos de otros, solo debemos ayudar, con sinceridad y estando de acuerdo.

Tampoco debemos envidiar o tener celos del llamado, los dones o los talentos de otros, ya que Dios reparte a cada uno conforme a la capacidad que Él mismo nos ha dado, conforme a Su propósito (Mateo 25:15). Tratar de hacer más de lo que Dios te pide podría ser un acto con motivo carnal y podría llevarte a descuidar el templo de Dios que es tu cuerpo, el cual tenemos la responsabilidad de cuidar de manera apropiada, equilibrada, balanceada y prudente.

Debemos tener muy en cuenta que la crítica, la competencia, la envidia, los celos y cosas como estas son conductas de la carne que nos hacen daño, tanto a nosotros mismos como a los demás. Tengamos cuidado de estas cosas, si alguna toca nuestra puerta, automáticamente ordenémosles que se retiren, en el nombre de Jesús. El hombre de Dios debe tener una conducta conforme a la voluntad de Dios, una conducta espiritual.

En la antigüedad en el pueblo de Dios no todos fueron sacerdotes, profetas, jueces o reyes, unos servían en el templo de forma permanente y otros vivían una vida secular, pero todos debían cumplir con las leyes de Dios, todos tenían la responsabilidad de vivir una vida ética, con normas, valores y principios que regulaban sus actividades humanas. A través de los tiempos ha sido de la misma forma.

En las historias bíblicas del tiempo antiguo, Dios eligió a un hombre llamado **Noé**, un varón justo, que caminó conforme a la voluntad de Dios. Fue a este hombre que usó para salvar la humanidad (Génesis 6:8).

Eligió a **Abraham**, hombre de gran fe, le pidió que saliera de su tierra y de la casa de su padre, lo guió a otra tierra y formalizó un pacto con él y sus descendientes y le prometió que en su simiente serian benditas todas la naciones (Génesis 12:1-3).

Eligió a **Moisés**, un hombre manso (Números 12:3), para ser el líder en la liberación de la descendencia de Abraham de la esclavitud de Egipto. La descendencia de Abraham fue el pueblo de Israel, el pueblo que fue bendecido por Dios y el que dió a conocer al Dios verdadero y supremo, Jehová.

Cabe mencionar que la única razón por la que Dios escogió el pueblo de Israel fue por amor (Deuteronomio 7:7-8), y la promesa hecha a Abraham de que en su descendencia serian benditas todas las naciones (Génesis 12: 3), también fue un acto de amor, pues Dios hizo ésta promesa a Abraham cuando todavía vivía en la idolatría (Josué 24:2).

Mandar a Su Hijo a rescatar la humanidad perdida también fue un acto de amor ya que Dios te rescata en medio del pecado, no porque estés libre de pecado. Obra que está en vigencia, ya que todavía hay personas en el mundo a las cuales a Su tiempo Dios rescatará.

De este mismo pueblo (Israel), Dios eligió determinados hombres para cumplir con tareas específicas, referentes a cumplir con Sus propósitos. Dios escogió a los hijos de Levi, hijo de Jacob, hijo de Isaac, hijo de Abraham. De Levi surgió el apodo los levitas y estos fueron elegidos para servir a Dios en el templo (Números 8:14), comenzando por Aarón el hermano de Moisés (Éxodo 4:14-16).

Fueron elegidos: **Abel, Enoc, Sem, Sara, José, Josué, Gedeón, Barac, Sansón, Jefté, Samuel, Devora, David, Salomón, Ester, Rut, María,** la madre de Jesús, los sacerdotes, los profetas, los jueces, los reyes y **tú**.

En los últimos tiempos la elección es a través de Cristo. Dios eligió Su propio Hijo para traer salvación al mundo entero, ya que es por medio a Él que tanto judíos como no judíos gozan del privilegio de ser llamados y escogidos para ser pueblo de Dios.

Los escogidos son aquellos a quienes Dios llamó y respondieron a la invitación del evangelio, creyendo en Jesús, declarándolo como su Señor y Salvador. Son estos los ahora llamados cristianos, estos tienen la responsabilidad de:

- Permanecer fielmente en La Palabra.
- Proclamar y glorificar a Dios a través del evangelio de Jesucristo.
- Llevar una manera justa e integra de vivir.

Estos son llamados: La iglesia de Jesucristo, el cuerpo de Cristo, real sacerdocio, nación santa, **linaje**

escogido por Dios para llevar a cabo la misión de los últimos tiempos, la cual fue iniciada por Jesús.

Es el Espíritu Santo quien se encarga de convencer y de hacerle saber a cada uno para que ha sido llamado, es el mismo Espíritu quien capacita, da los dones y talentos, para dicho llamado.

Debemos tener en cuenta que el ser elegido por Dios no es un motivo para despreciar, tratar mal o sentirse superior a otros. No es un motivo para creer que por contar con el amor y la protección de Dios podemos comportarnos mal y no pagar las consecuencias de nuestras malas acciones.

La elección no nos da el derecho de señalar, juzgar o condenar a los demás, no nos toca a nosotros decidir a quienes Dios debe salvar, tampoco discriminar a nadie, cualquiera que sea su condición. Cualquier persona que se arrepiente de corazón y recibe a Jesús como su señor es una nueva criatura, todos los pecados de su vida pasada son perdonados, borrados y olvidados (2 Corintios 5:17).

Recordemos que la salvación, las promesas de bendición, prosperidad y protección pueden perderse por incredulidad y desobediencia (Josué 5:6). Tu nombre puede ser borrado del libro de la vida (Apocalipsis 22:19).

Algunos de los escogidos serán engañados por Satanás (Mateo 24:24), quien trabaja arduamente para alejar al hombre de los caminos de Dios (1 Timoteo 4:1-3; 5:10). Otros serán engañados por hombres avaros que se aprovechan de la fe para enriquecerse y emplean con astucia las artimañas del error (Efesios 4:14), pero a los tales juzgará Dios.

Por lo tanto debemos permanecer fieles, firmes, alerta y en comunión con Dios, buscando el conocimiento de La Palabra y la guía del Espíritu de Dios en todo y para todo, para que Satanás no nos engañe. Dejemos que sea el Espíritu de Dios quien guie nuestras vidas y cuando escudriñemos La Palabra, pidamos revelación al Espíritu de Dios de las mismas.

No nos sometamos a preceptos, mandamientos y doctrinas de hombres ya que tales cosas no tienen valor alguno contra los apetitos de la carne (Colosenses 2:20-23). **Para luchar contra la carne y obtener la victoria solo es necesario someterse al Espíritu de Dios, para que por la gracia de Dios podamos recibir lo que necesitamos para vencer cada día.**

No permitamos que el mal testimonio de algunos inmaduros y el de otros que se hacen pasar por cristianos pero no lo son, ya que sus acciones son las obras infructuosas de las tinieblas, nos aparten de Dios ni de Su amor.

Dejemos que nuestra mente, alma y corazón sean renovados, que nuestra transformación sea la interior y que la exterior sea voluntaria y dirigida por el Espíritu, conforme al propósito de Dios en nuestras vidas ya que el Espíritu Santo no obliga, sino que convence. Usemos la razón y el sentido común de manera equilibrada, sin anteponerla a La Palabra o a la guía del Espíritu de Dios.

Vivamos una vida plena, ya que Cristo nos hizo libre y nos llamó a vivir en libertad, teniendo siempre cuidado de no usar esta libertad incorrectamente (Gálatas 5:13). No le demos lugar a las obras de la carne, entendiendo que las obras de la carne son nuestra conducta, son acciones motivadas por deseos, pensamientos o sentimientos incorrectos (Gálatas 5:19-21).

Todo el que es guiado por el Espíritu no está bajo la ley (Romanos 7:6), pero seamos prudentes, no andemos en extravagancias y exageraciones porque esto no agrada a Dios. Todo lo que hagamos, hagámoslo con convicción, con una conciencia limpia y un corazón puro, sincero y correcto delante de Dios, no para agradar el ojo del hombre o para ganar el favor de los hombres.

Seamos **sobrios** al comer, beber o vestir, **sabios** al decidir y **prudentes** al caminar, obedeciendo en todo la voz del Espíritu Santo, de una manera individual.

Y todo lo que hagáis, hacedlo de corazón, como para el Señor y no para los hombres (Colosenses 3:23).

Personalmente he procurado de manera sincera agradar a Dios, pero he escuchado tantas leyes y doctrinas de hombre que solo confunden y esclavizan, que he decidido diligentemente buscar el conocimiento y la verdad de la voluntad de Dios para mi vida, a través de la oración, La Palabra (La Biblia), la comunión con Dios, la guía del Espíritu Santo y la determinación de obedecer en todo.

En una ocasión recibí revelación por el Espíritu acerca de cómo conducir mi vida y me gustaría compartir contigo la palabra que recibí:

Existen verdades que parecieran razonables y lógicas, pero la realidad es que son verdades inciertas. Algo incierto es algo poco seguro, impreciso, borroso o dudoso. Una verdad incierta es aquella que se rige por doctrinas de hombre.

Jamás podrás cumplir el propósito de Dios en tu vida, si basas tu vida en doctrinas, estas esclavizan al hombre ya que no hay un convencimiento del Espíritu de Dios, sino un seguimiento rutinario, monótono y sin vida.

Existe una sola verdad y esta, está en Jesús, El es el camino, la verdad y la vida. Solo el Espíritu Santo puede guiarte a toda verdad. Solo el Espíritu de Dios te guía a Cristo.

Ni la verdad incierta ni la doctrina terrenal establecerán unidad con los propósitos de Dios, si caminas en la verdad incierta estarás fuera del propósito de Dios. Camina en Cristo, solo a través de El llegarás.

Si recibiste y respondiste afirmativamente al llamado de Dios a través del evangelio de Cristo, entonces eres un escogido por Dios para participar en Su propósito. Dios conoce los motivos y las intenciones de los corazones y tiene el poder para no permitir que seas confundido, si te mantienes firme, fiel y en comunión con Él.

No temas, Dios conoce tu corazón y no permitirá que seas engañado, si tú sigues el bien nadie podrá hacerte daño. *¿Y quién es aquel que os podrá hacer daño, si vosotros seguís el bien?* (1 Pedro 3:13).

No dudes, Dios te guiará y te protegerá durante todo el camino. Vendrán tiempos difíciles, pero Él estará contigo. ...*he aquí yo estoy con vosotros todos los días, hasta el fin del mundo* (Mateo 28:20).

No te rindas, Dios tiene recompensas eternas para ti. ...*ha venido el tiempo de dar galardón a tus siervos los profetas, a los santos, y los que temen tu nombre...* (Apocalipsis 11:18).

El Proceso

*Amados, no os sorprendáis
del fuego de prueba que os ha
sobrevenido, como si alguna
cosa extraña os aconteciese,
sino gozaos por cuanto sois
participantes de los padecimientos
de Cristo, para que también en
la revelación de su gloria os
gocéis con gran alegría.*
(1 Pedro 4:12-13)

Antes de hablar de los procesos es importante estar determinados a mantener nuestro corazón en el primer amor, recordando cómo el amor de Dios ha sido manifiesto al mundo a través del sacrificio de Jesús.

Todos hemos pecado y la paga del pecado es la muerte (Romanos 6:23), nadie puede decir que es suficientemente bueno para ir al cielo, por lo que todos merecemos pagar el precio del pecado, pero Dios mando a Su Hijo a pagar esa deuda por nosotros (1 Corintios 15:3-4).

En esto consiste el evangelio: que a través del nacimiento, la vida, muerte, sepultura y resurrección de Jesús somos salvos. Una vez que escuchamos el evangelio de Cristo, luego creemos estas buenas noticias, nos arrepentimos de corazón y recibimos a Jesús haciendo una declaración de fe, Dios nos perdona y nos regala la vida eterna.

La salvación es un don gratuito de Dios, si usted no la ha recibido todavía, le invito a hacerlo en este momento, solo tiene que repetir, en voz alta, esta confesión de fe:

*Señor en este momento me presento
ante ti reconociendo mi condición de
pecador, creo con mi corazón que
Jesús es Tu Hijo y que Tú lo resucitaste
de entre los muertos. Desde este
momento lo declaro como el Señor
de mi vida, por lo tanto a través de Él,
recibo la salvación como regalo tuyo.
Enséñame todo lo que necesito aprender,
para que nada me aparte de ti.
En el nombre de Jesús,
Amén.*

Si hiciste esta confesión de fe entonces te doy la bienvenida al Reino de Dios. Si ya la habías hecho antes y por alguna razón te has apartado de Dios o le has fallado, entonces te invito a que te reconcilies con tu Señor y que repitas esta sencilla oración, de corazón:

> *Señor reconozco que te
> he fallado y te pido perdón.
> Ayúdame a no fallarte
> más, a confiar en ti y a
> permanecer a tu lado.
> En el nombre de Jesús.
> Amén.*

Es necesario que renuncies a todo lo oculto y vergonzoso (2 Corintios 4:2), si en alguna ocasión tu vida estuvo involucrada de alguna forma con cualquier medio fuera de Dios para resolver tus problemas, ya sea consultar a los muertos, brujerías, hechicerías, amuletos, resguardos, lectura del tarot y cosas similares o si estuviste envuelto en cualquier actividad inmoral o delictiva, es necesario que te arrepientas, que te deshagas y te apartes de todo eso (Hechos 19:19).

Si estas realmente decidido a no hacer ni buscar nunca más estas cosas decláralo con esta oración:

> *Señor en este momento renuncio
> a todo hecho vergonzoso,
> a todo lo oculto en lo cual
> me he involucrado,
> me arrepiento y reconozco
> que solo Tú puedes salvarme y
> guiarme. Desde este día solo
> a ti buscaré, y solo la guía
> de Tu Espíritu seguiré,
> para gloria de tu nombre.*

> *En el nombre de Jesús*
> *recibo Tu perdón y confío en*
> *que Tú me has limpiado.*
> *Amén.*

Si sientes el deseo de decirle algo más a tu Dios, hazlo y una vez que hayas terminado, recibe Su perdón con acción de gracias y no le falles más. Es muy importante que tengas la seguridad de que Dios ha perdonado todos tus pecados, que tu relación con Dios ha sido restaurada y que Dios te ha regalado la vida eterna.

Ahora que Jesús tiene el control de tu vida debes confesar públicamente tu fe, debes orar para que el Espíritu te dirija a congregarte en una iglesia donde puedas recibir La Palabra pura, que no sea adulterada, y crecer libre y sanamente en Cristo. Te exhorto a leer en tu biblia Efesios, los capítulos 4, 5, y 6.

También es importante que te bautices, ya que el bautismo es el símbolo de la sepultura del viejo hombre y el nacimiento de un nuevo hombre en Cristo. Cuando viniste a Cristo se inició un proceso de transformación, que dependerá de la naturaleza del viejo hombre, de nuestra disposición y de la comunión con Dios. Pídele a Dios que te bautice con Su Espíritu Santo y que te llene de Él.

Dios te ha aceptado en Su reino, como Su hijo. La sangre de Cristo te ha limpiado, pero ahora debes mantenerte limpio. Es importante que comiences a **crecer** hasta convertirte en un discípulo maduro y fiel. Durante tu crecimiento vas a necesitar:

Ayudante: El Espíritu Santo ha sido implantado en ti para ayudarte y guiarte en todo lo que necesites. Habrán también personas designadas por Dios que te ayudarán, pero nunca pongas tu fe o tu dependencia en ellos.

Alimento: La Palabra de Dios, La Biblia, es el alimento espiritual. Léela, memorízala, escúchala, medítala, y ponla en práctica.

Relación: La Oración eficaz mantendrá tu espíritu conectado a Dios. Tu comunión con Dios es imprescindible para tu crecimiento, a través de ella podrás desarrollar el fruto del Espíritu y adquirir la armadura de Dios, la cual te ayudará a estar firme contra las asechanzas del diablo.

Servicio: Ejercita la fe llevando a cabo la responsabilidad que Dios ponga en tus manos, haciendo el bien y ayudando a otros mediante la obra del Señor. Estar ocupado de las cosas de Dios te ayudará a estar lejos de las tentaciones y la ociosidad.

Descanso: La Adoración y la Acción de Gracias, en todo momento, son el descanso espiritual. Has todo lo que puedas y lo que no puedas entrégaselo al Señor, confía en Su gracia y mientras esperas pacientemente y con buena actitud que Él obre, adora y da gracias al Señor por todo, en todo y de todo corazón.

Si aplicas este conocimiento a tu vida diaria, vivirás una vida en victoria. Recordemos que **la victoria no es la ausencia de pruebas o tribulaciones**, sino más bien es mantenernos fieles y firmes en la fe de Cristo en medio de cualquier circunstancia.

Recuerda también que tu transformación es día a día y es hasta la perfección, estado que adquirirás cuando Cristo te resucite (1 Corintios 15:52), por lo tanto cada día de tu vida habrá algo en lo cual deberás crecer, manteniendo lo que ya has adquirido.

Procesos: Son las etapas o las fases sucesivas que transcurren en un determinado tiempo hasta llegar a un especifico fin. En el caso de los escogidos son los acontecimientos de diversas pruebas, aflicciones, persecuciones y tribulaciones por la que el cristiano debe pasar (1 Tesalonicenses 3:3).

Estas diversas aflicciones en ocasiones y por un poco de tiempo son necesarias (1 Pedro 1:6), ellas te permitirán ir desarrollando el carácter de Jesús. Es necesario que los escogidos pasen por diferentes procesos, de manera que puedan ser transformados a la imagen de Cristo.

Estas pruebas, aflicciones, tribulaciones o persecuciones equivalen a:

1. Las diferentes tentaciones.
2. Diferentes circunstancias de sufrimientos y aflicciones que experimentará el cristiano al hacer la voluntad de Dios.
3. Ministraciones demoniacas.

La tentación es el impulso que induce a hacer algo reprobable, es la incentivación para hacer algo malo. La tentación no es pecado, pero ceder a ella sí. Ésta es producida por Satanás y tiene como fin la destrucción de una persona. Satanás usa las debilidades del hombre para arrastrarlo y seducirlo al pecado (Santiago 1:14).

Aunque Dios permite la tentación, Él nunca es quien la produce, por el contrario, Dios puede permitir la tentación para probar nuestra fidelidad, para que crezcamos en fe y paciencia. Todo esto finalmente será para bien del escogido y para gloria de Dios.

Debemos estar conscientes de que ninguna tentación está fuera de la capacidad humana, Dios no permitirá que Satanás nos tiente más de lo que podamos aguantar, por el contrario Dios nos dará las fuerzas que necesitamos para resistirla. En el mismo momento de la tentación Él nos dará la salida para que estemos firmes en el Señor (1 Corintios 10:13).

El sufrimiento es tener o padecer un daño o dolor físico o moral, es experimentar algo desagradable o soportar condiciones no favorables. El sufrimiento es inevitable en un mundo caído. La causa del sufrimiento puede ser el pecado o el mal uso de la libertad que Dios nos ha dado. El pecado puede provocar el sufrimiento, tanto en forma individual como colectiva.

Pero las razones del sufrimiento no siempre son producto del pecado, en ocasiones algunos males son causados por Satanás y sus fuerzas demoniacas, en otras ocasiones Dios permite el sufrimiento para disciplinarnos, para hacernos crecer y madurar. Pero debemos tener presente que la disciplina de Dios es una señal de amor, no de ira (Hebreos 12:5-11).

Aunque en el momento de la disciplina nos sintamos triste, después de haber puesto en práctica lo que se nos ha enseñado, tendremos un sentir de bienestar, un gozo que no se comparará con la circunstancia pasada. Ningún sufrimiento se compara con la gloria venidera (Romanos 8: 17-18).

Este periodo de sufrimiento siempre conducirá a la transformación diaria, por lo que no debemos ver este sufrimiento como castigo o derrota sino con gozo en el Espíritu y con confianza en Dios. **No es que el creyente deba sufrir con resignación sino con esperanza.**

El sufrimiento de los elegidos fieles es específicamente debido a los padecimientos que tendrán al obedecer fielmente y firmemente a Dios en el cumplimiento del propósito que Dios ha diseñado para su vida.

En ocasiones es probable que los cristianos lleguen a sufrir más que los incrédulos (Hechos 14:22). Pero en Cristo tenemos esperanza de vida eterna y recompensas que no son para nada comparadas con las cosas terrenales de este siglo.

Debemos saber que los propósitos de Dios trascienden el conocimiento humano finito y no siempre podremos saber las razones del sufrimiento, tan solo nos queda confiar en Dios aunque no entendamos.

Debemos soportar con una actitud de victoria, ya que en medio de todo sufrimiento podemos experimentar el cuidado de Dios. Podemos estar seguros de que Dios escucha, responde, nos da fortaleza, nos consuela y nos acompaña en medio de cualquier circunstancia. Existen tres categorías de sufrimiento:

1. Limitaciones físicas (tu salud).
2. Desastres naturales (tormentas, incendios o terremotos).
3. Acciones humanas (daños ocasionados a uno mismo o a otros).

Las ministraciones demoniacas: son los consejos malignos que vienen a nuestros pensamientos, los cuales los aliados de Satanás ponen en nuestras mentes con la intención de desviarnos del propósito de Dios en nuestras vidas.

Existen cinco fuentes principales en las cuales serás atacado en tu mente:

1. Tu pasado
2. Tus limitaciones
3. Tus deseos
4. Tus necesidades
5. Tus emociones

Te harán creer que debido a tu pasado no eres digno de servirle a Dios. Traerán culpabilidad y vergüenza, tratarán de que no te perdones a ti mismo y en ocasiones que no creas en el perdón y el amor de Dios.

Tratarán de que te enfoques en tus defectos y limitaciones para que creas que no tienes la capacidad de servirle a Dios en Su obra, para que no puedas ver al que todo lo puede y el que te dará todo lo que necesites para cumplir con lo que Él ponga en tus manos.

Los espíritus de maldad utilizarán tus circunstancias y tratarán de llenar tus pensamientos de todo tipo de inmundicias para pervertir tus deseos. Atacarán tu salud para que te enfoques en tu condición física y no en el plan de Dios para tu vida. Tratarán de destruirte emocionalmente atacando tus sentimientos, a través de personas que son importantes para ti y que en la mayoría de los casos no se darán cuenta que están siendo usados por Satanás.

Aprovecharán tus necesidades y traerán todo tipo de afán para que no tengas tiempo para Dios, ni para estudiar La Palabra, ni para orar, ni para adorar y para que no puedas prestar atención a la guía del Espíritu Santo, para que seas un cristiano carnal, y para que no crezca ni madures.

Usarán su poder, sus influencias en el mundo, las debilidades del ser humano y la ignorancia de muchos, con el propósito de traer contiendas, pleitos, descredito, celos, envidias, chismes y cosas como estas. Recuerda que tu lucha no es contra sangre ni carne, sino contra principados, potestades, gobernadores de las tinieblas, contra huestes espirituales de maldad en las regiones celestes (Efesios 6: 12-17).

Pero Dios ya te ha dado las armas para vencer:

1. La Verdad (no mientas)
2. La Justicia (se justo)
3. El Evangelio de la Paz (compártelo)
4. La Fe (confía en Dios)
5. La Salvación (cuídala)
6. La Palabra (vívela)

Estos espíritus de maldad infiltrarán la cizaña en el pueblo de Dios para engañar a muchos y que caigan, se hundan, se desvíen, se devuelvan, abandonen, se rindan, se detengan, huyan, desistan, se pierdan, se desanimen, para provocar desunión, para que sean piedra de tropiezo a sus hermanos y finalmente para que mueran espiritualmente.

Tratarán de sembrar malas semillas tales como: falta de perdón, mentiras, temores, dudas, confusión, desanimo y negativismo. Satanás sabe que una mala semilla dará malos frutos y trabajará arduamente para tratar de que le fallemos a Dios, quien nos llamó a dar buenos frutos.

Nuestra fe será sometida a prueba (1 Pedro 1:7). Pero Dios tiene la salida para cada uno de los ataque del enemigo y sus aliados, la cual te ira revelando a medida que vallas creciendo y enfrentando al enemigo en las diferentes arias y etapas.

Recuerda, Satanás está tratando de destruir la creación de Dios, pero especialmente a la iglesia de Jesucristo, ya que en las manos de la iglesia bajo la autoridad de Cristo está vencerlo en estos tiempos.

Por lo tanto no desmayemos, hagámosle frente al enemigo, derribemos todos sus argumentos, venzamos los obstáculos, sigamos hacia adelante porque en realidad **no luchamos para obtener la victoria, puesto que ya Cristo la obtuvo por nosotros**. Ciertamente luchamos para retenerla, para que el enemigo no nos robe lo que ya Cristo adquirió en la cruz del calvario para los que le creen.

Seamos determinados, avancemos hacia la meta sin dudar y sin temer porque en Cristo somos más que vencedores. No permitamos que nada, ni tribulaciones, angustias, persecuciones, hambre, desnudez, peligro, espada, la muerte, la vida, ángeles, principados, el pasado, el presente, el futuro, lo alto, lo profundo, ninguna cosa creada, absolutamente nada nos separe del amor de Dios.

Dios nos guardará por Su poder, mediante la fe (1 Pedro1:5). Confiemos en Él y guardemos Su Palabra con paciencia (Apocalipsis 3:10).

De modo que los que padecen según la voluntad de Dios, encomienden sus almas al fiel Creador, y hagan el bien (1 Pedro 4:19).

Victoria en el Proceso

Someteos, pues, a Dios; resistid al diablo,
y huirá de vosotros.
(Santiago 4:7)

A lo largo de nuestra existencia han acontecido sucesos que han creado fortalezas y temores en nuestras vidas. Estas fortalezas nos limitan y nos llevan a tomar decisiones que en la mayoría de los casos son erróneas.

Satanás ha creado todo tipo de conflicto en tu entorno y ha aprovechado cada circunstancia para que no seas feliz, para que vivas en enfermedades, mentiras, engaños y para que no tengas una buena relación con Dios, ni con los hombres.

Cristo vino para deshacer las obras de Satanás, pero para que las obras de Satanás sean desechas en tu vida y tú puedas tener un conocimiento pleno, tienes que buscar la verdad y esta solo la encontrarás en Jesús. Ten presente que **solo cuando conozcas la verdad podrás tomar decisiones correctas**, las cuales, puestas en acción y con ayuda del Espíritu Santo, te ayudarán a vencer toda circunstancia que se presente.

Una vez que venimos a Cristo somos limpios, nuestra casa interior queda barrida y lista para comenzar a llenarla del conocimiento de La Palabra y la voluntad de Dios, con la cual seremos transformados por medio de la renovación de nuestro entendimiento.

Delante de Dios, el viejo hombre y las acciones pasadas quedan borradas y comenzamos nuevamente como un bebe que acaba de nacer.

Aunque queden cosas del viejo hombre, la renovación de nuestra mente nos ayudará a enfrentar los ataques que Satanás y sus demonios tienen planeado contra nosotros para desviarnos del propósito de Dios. Una vez que nos sometemos a Dios, el Espíritu Santo nos ayudará a resistir al enemigo, hasta que este entienda que por esa área no nos vencerá.

El enemigo aprovechará cada circunstancia y tratará de que uses los métodos del viejo hombre para resolver las situaciones, por eso es importante que aprendas a usar los métodos que el Espíritu Santo te ira enseñando cada día.

Satanás tratará de diversas formas, pero para todas Dios tiene una salida. Las artimañas más comunes son infundir temores, dudas, confusión y desanimo entre otras. El propósito de Satanás siempre es el mismo, robar, destruir, que te apartes de Dios, que no tengas paz con los hombres, que te pierdas y que pierdas tu alma.

Dios tiene propósitos definidos, precisos, y específicos, hechos a la medida, únicos, personales e individuales para ti, para tu vida. Dios tiene un tiempo correcto para Sus propósitos y sin importar tu condición pasada te ha elegido para hechos importantes para ti y para toda la humanidad. A Dios no le importa:

- Tu condición social
- Tu condición económica
- Tu condición académica
- Tu raza o color
- Tu pasado
- Tus antecedentes
- De dónde vienes
- Quienes fueron tus familiares
- Lo que la gente opina de ti

Ninguna acción del pasado es mayor que el sacrificio de Jesús en la Cruz. Dios no te ha elegido por lo que tú eres, te ha elegido por lo que Él Es. No te eligió por tu capacidad, sino que Él te capacitará para la labor que pondrá en tus manos. Pero es importante que creas lo que Dios te dice, tú eres lo que Dios dice que tú eres y puedes hacer lo que Dios dice que puedes hacer.

Tu confianza no debe estar en lo que tú ves, sino en lo que Dios te dice que es, tampoco debe estar en tus propias fuerzas, habilidades, talentos, inteligencia, profesión, trabajo, personas o cualquier otra cosa que pueda poner a Dios en segundo lugar.

Si ya conoces el propósito de Dios para tu vida, comienza a caminar hacia ese propósito, guiado por el Espíritu. Es como cuando una persona dice que será medico, comienza a estudiar hasta que se gradúa y comienza a ejercer. Los propósitos de Dios también requieren de **decisión**, **estudios**, **disciplina**, **determinación**, **pasión** y **constancia**.

Si ya comenzaste a caminar hacia el propósito, entonces no permitas que nada te aparte, te desenfoque o te distraiga. No te rindas, Dios tiene nuevas fuerzas para ti cada día. Avanza hasta la meta sin mirar hacia atrás. No dudes, eres perfecto para el propósito de Dios.

Si todavía no conoces el propósito de Dios para ti, entonces pídele a Dios que te lo muestre y Él lo hará. Conocer lo que eres y lo que vas a hacer le dará el significado que tu vida necesita para avanzar con firmeza hacia la meta propuesta.

El propósito de Dios para tu vida está dentro de ti. Ahora debes despertarlo y hacerte consciente de la voluntad de Dios para tu vida. Tal vez ha estado siempre en el deseo de tu corazón, en tus sueños o en tus visiones pero por alguna razón pensaste que nunca podrían ser y los abandonaste.

En tus sueños o visiones has podido ver más allá de lo que tus ojos naturales pueden mirar, tal vez has saboreado el placer de llegar a hacerlo realidad y hasta te has visto a ti mismo disfrutando de haberlo adquirido, pero luego despiertas, la emoción se evapora y piensas que nunca será posible, pero déjame decirte algo, con Dios todo es posible.

Si la visión viene de Dios entonces no dudes, cuando recibas la revelación debes avanzar, porque el mismo que te la dio, es el mismo que te dará el crecimiento, el potencial, la capacidad y las estrategias para que puedas ver tus sueños hecho realidad.

El propósito de Dios para tu vida siempre tendrá una relación con los dones y talentos que Dios te ha dado y un vínculo con Sus propósitos eternos y requerirá amor a Dios, amor al prójimo y servicio desinteresado. Aunque Dios quiere darte cosas buenas, tú motivo principal no serás tú, sino los demás. Si tus sueños no tienen una relación con ayudar o servir al prójimo, entonces no vienen de Dios.

El propósito de Dios nunca tendrá como meta que seas rico o millonario, que adquieras bienes materiales o que vivas en la comodidad o la opulencia. Más bien estas cosas son solo añadiduras y aunque no tienen nada de malo poseerlas, estas cosas no deben poseerte a ti, ni deben apartarte del propósito en sí. Los motivos de Dios siempre serán nobles y llevarán bienestar a muchos, no solo a ti.

En Dios no existen propósitos pequeños, mediocres o insignificantes, en Él todos son grandes e importantes. Desde el que limpia, ayuda, ofrenda, diezma, riega tratados, predica, profetiza, pastorea y cualquier otro tipo de servicio que Dios ponga en tus manos y tu corazón, todos tienen un gran valor en el reino de los cielos. No importa tu impedimento físico, tu edad o tu sexo, para Dios todos somos útiles, importantes y necesarios para el Reino de Dios.

Una vez que inicies el propósito, recuerda que no estás solo, el Espíritu de Dios estará contigo en todo momento para ayudarte, guiarte y consolarte. Tan pronto viniste a Cristo con un corazón sincero y arrepentido, fuiste sellado con el Espíritu Santo, ahora Él mora en ti y te guiará a toda verdad, pero requerirá de tu colaboración durante todo el camino.

Él te dará las instrucciones y tú las ejecutarás. Recuerda que Dios no te dará cargas que tú no puedas soportar, ni permitirá que seas tentado más de lo que tú puedas resistir. Por lo tanto grava en tu mente y en tu corazón que tú puedes mantenerte **fiel en me-**

dio de cualquier tentación y firme en medio de la tribulación.

Una vez que entiendes que el Espíritu Santo está en tu espíritu y que desde ahí te hablará para dirigirte en todo lo que debes hacer, entonces puedes avanzar hacia adelante venciendo los obstáculos y venciendo en cada batalla.

Los espíritus de maldad tratarán de desviarte, pero con la **comunión** con Dios, Su **protección**, el **conocimiento** de Su Palabra, la **obediencia** a Su voluntad, la **dependencia** de Cristo y la **guía** del Espíritu, no habrá diablo que pueda vencerte. Recuerda tu parte:

1. Comunión con Dios
2. Estudio de La Palabra
3. Obediencia a Su voluntad
4. Dependencia absoluta

Si conoces el propósito de Dios y has decidido establecer estos principios en tu vida de manera constante e inquebrantable, entonces comienza a desarrollar el plan. No olvides que por más conocimiento o sabiduría que adquieras, siempre necesitaras ayuda y revelación, la cual solo se adquiere con la comunión con Dios a través del Espíritu.

Enfócate en el propósito, establece los pasos y las prioridades, ejecútalos poco a poco pero siempre hacia adelante, vence cada obstáculo, mantén el **amor**, la **fe**, la **esperanza** y la **paciencia**.

El plan de Dios para tu vida siempre establecerá un vinculo con los demás por lo tanto debes mantener la unidad con los seres que te rodean. Recuerda que son personas imperfectas y que también están en proceso, por lo que debes perdonarlos cada vez que sea necesario, tolerarlos y amarlos.

Esto no quiere decir que apoyes o comparta cosas que desagraden a Dios. Individualmente de lo que hagan los demás mantén la obediencia y tu relación personal con Dios. Desecha la competencia, las comparaciones, la envidia, los celos y las contiendas. Tu puedes con autoridad de Cristo rechazarlas y no permitir que entren en tu corazón.

Dios te dará todo lo que necesites: visión, capacitación, habilidades, sabiduría, conocimiento, guía, poder, provisiones, herramientas, no te hará falta nada. La dedicación, la entrega, el orden, el esfuerzo, la persistencia y la valentía deben de estar dentro de ti con determinación. Necesitarás estas cosas durante todo el camino para no dejarte atar por lo que otros digan o piensen de ti.

Dios te hizo diferente, no tienes que ser como nadie, ni tienes que imitar a nadie más. Eres único, porque Dios te creo con un propósito personal, solo para ti. Tu ejemplo a seguir es Cristo y tu valor está en Cristo no en lo que los demás piensan o dicen. Así que pon tu confianza en Dios y lucha con todas tus fuerzas, ánimo, aliento y energía.

Tu comportamiento será determinante para el resultado de cada proceso. Debes aprender a tener una buena actitud, a usar el tiempo de manera sabia, administrar tu dinero de manera inteligente sea mucho o poco, estableciendo prioridades y balance en tu casa, tus necesidades, en tus obras, en tu corazón y en tus responsabilidades: Primero **Dios**, segundo la **familia** que Dios te dio y tercero el **propósito** de Dios en tu vida, que será también tu ministerio o profesión. Dios te dará el balance correcto para que estas cosas estén entrelazadas entre sí, sin que ninguna afecte la otra.

Es importante que seas buen administrador de los dones que Dios ya ha provisto para ti. ¿Estás usando el don o el talento que Dios te ha dado? ¿Cómo usas los dones y los talentos que Dios te ha dado? Mientras más ejercitas los dones y talentos más se desarrollarán y mientras se desarrollan se perfeccionan y nos ensanchan el camino y nos llevan delante de los grandes (Proverbios 18:16).

No solo debes poner en práctica los dones y talentos en el tiempo señalado por Dios, sino que también debes poner en práctica diariamente lo que Dios te enseña en Su Palabra. Valores morales, principios éticos, tu higiene, el cuidado de tu salud, de tu cuerpo, pero sobre todo el cuidado de tu corazón.

En cada etapa del proceso tendrás nuevas cosas que aprender, nunca dejes cosas a medias, no importa que tanto te guste o no, todo lo que Dios quiere enseñarte es importante, aunque tal vez no todo será divertido, interesante o fácil.

Vivir una vida plena, no quiere decir vivir una vida fácil, más bien es lograr todo lo que te propones, no importa lo que te cueste. Naturalmente esto no incluye hacer cosas que te hagan daño, que le hagan daño al prójimo o que rompa tu relación con Dios.

Nunca debes usar a otros con motivos egoístas, no debes herir, pisotear, traicionar, suplantar, mentir, manipular, destruir, dañar o engañar a los demás.

Si tratas de imitar, competir o compararte con otros no podrás cumplir con el propósito de Dios para tu vida. Si tratas de hacer todo tú solo, tampoco lo lograrás, no fuiste creado para hacerlo todo, enfócate en la tarea que Dios te ha dado y permítele a los demás desarrollar la de ellos.

Dios quiere que seas feliz, que tengas esa vida abundante por la cual Cristo pagó un precio, que te sientas realizado en la vida, pero solo encontrarás esa realización si dedicas tu vida al propósito para el cual Dios te creó, usando los talentos que Él te dio en beneficio de Su Reino.

Cualquier otra cosa que hagas no te dará satisfacción, ni plenitud de gozo, te sentirás incompleto y vacio, por lo tanto no pierdas un minuto más y comienza a caminar en el propósito de Dios. Si te desviaste vuelve, nunca es tarde, no te límites ni te compadezcas de ti mismo solo avanza. Dios siempre tiene una nueva oportunidad. Deja de buscar culpables, deja las excusas, los pretextos. **Dios te ha dado la capacidad, pero tuya es la responsabilidad.**

No permitas que los demás te desvíen del plan de Dios, pero tampoco limites a los que te rodean, respeta el propósito de Dios para los demás y si te es posible ayúdalos sin desenfocarte del tuyo propio. Nunca subestimes, minimices o le reste importancia a lo que Dios quiere hacer en tu vida o en la de los demás.

En Dios todo es perfecto y eterno, Él nunca se equivoca y todos Sus designios son justos. Dios te creó de manera tal que seas capaz de realizar lo que Él ha determinado para ti y debes hacerlo con **amor, bondad, justicia** y **humildad**. Nunca te sientas superior o inferior, tampoco hagas sentir a otros de esta manera, para Dios todos somos iguales.

No importa el lugar donde Dios te ponga, no importa cuántos dones te dé, no importa la posición que ocupes dentro del cuerpo de Cristo, todos somos iguales dentro del plan de Dios y el pagará a cada uno como Él quiere. A veces creemos que una persona es muy bendecida, pero no tenemos idea del proceso, la gran responsabilidad, la obediencia y la fidelidad de esta persona.

Es necesario que colaboremos en armonía, que nos motivemos unos a otros y que nos respetemos, recordando siempre que respetar a los demás no debe llevarnos a colocarlos en el lugar que solo le corresponde a Dios. **Aunque trabajes en conjunto con los hombres nunca olvides que lo haces para Dios.**

Si estás dispuesto a caminar, Dios dirigirá tus pasos y proveerá los recursos. No te dejes llevar por la corriente, mantente firme y determinado a:

- Morir al yo
- Renovar tu mente
- Cambiar los viejos hábitos
- Desechar los viejos métodos
- Desarrollar el carácter de Cristo

Compasivo, tierno, cariñoso, amable, manso, humilde, sencillo, de gran corazón, imparcial, obediente, con dominio propio, odiaba la corrupción, la mentira y la injusticia, mostraba respeto y consideración por los demás, soportó las pruebas, tentaciones, oposiciones, sufrimientos, los rechazos, las falsas acusaciones, la crueldad, la burla, no se quejó, no murmuró, no guardo rencor, no se vengó, perdonó, nunca juzgó por vista, nunca se desanimó, siguió haciendo la voluntad de Dios, fue fiel hasta la muerte.

No le cuentes tus sueños y planes a todo el mundo, no todos te entenderán, pocos te apoyarán, muchos te criticarán y otros te dirán que tú no tienes posibilidades o que tú no sirves para eso, pero recuerda que tu valor y tu confianza están en Dios, no en la opinión de los demás. Solo procura desarrollar y mantener un corazón puro y sincero delante de Dios.

Dios te dará el consejo, la capacidad para llevarlo a cabo y los medios a medida que los necesites. Todo irá tomando forma, olor, sabor y color a medida que avances.

Ver tu propósito cumplido será la mayor recompensa que puedas recibir en la vida, pero es necesario que seas fiel y que en cada logro y hasta el final le des la gloria a Dios por todo lo que realices en la vida. **Dios no comparte Su gloria con nadie** (Isaías 42:8), cuídate de no tocarla y de que el orgullo no toque tu corazón.

No olvides que serás probado, por lo tanto desafía las probabilidades, no te dejes vencer, pasa las pruebas, persevera hasta el fin. Lo que tú crees es más fuerte que cualquier cosa que tú veas en las circunstancias de tu vida.

Si Dios ya te ha contado el resultado final del propósito, si te ha dicho hacia donde te quiere llevar, seguro estarás muy emocionado(a), pero es necesario que tengas en cuenta que el proceso será diferente, solo te informará paso a paso. En la mayoría de los procesos no sabrás los detalles o el tiempo de duración, especialmente en los tiempos de prueba. Pero que esto no te desanime ya que Dios nunca permitirá que la prueba llegue sin antes enseñarte y equiparte en lo que necesites. **Tanto el propósito como el proceso serán perfectos para ti.**

Debes confiar que todas las circunstancias de tu vida serán usadas para prepararte, por lo tanto, **no mires las circunstancias mira la enseñanza.**

Las dificultades siempre vendrán, pero serán usadas a tu favor, algo bueno aprenderás a través de ellas, por lo tanto debes aprender a esperar sin quejarte. **Nunca podremos cumplir el propósito de Dios si no nos dejamos preparar antes.**

Dios quiere enseñarte a tomar decisiones correctas con motivos correctos, ya que tus decisiones juegan un papel importante para que los planes de Dios se cumplan en tu vida.

No todos los caminos son malos pero solo uno nos lleva al propósito de Dios. Aun quienes nos aman pueden tratar de desenfocarnos del propósito de Dios.

Existen muchas cosas buenas pero no todas nos convienen y muchas cosas que no son malas pero nos desvían del propósito.

Dios quiere enseñarte a elegir tus amistades, amar al prójimo no quiere decir confiar plenamente en el prójimo. No todos pueden ser tus amigos y muy poco pueden ser íntimos, pero de todos modos debes tratar a todos con respeto.

Camina con los que van en tu misma dirección. No permitas que personas que tienen otros planes quieran envolverte, no te dejes influenciar.

Encontrarás tanto en el mundo como en el pueblo de Dios, los hipócritas, los creadores de conflictos, los que te juzguen, los que te murmuren, los que hacen comentarios negativos acerca de ti, los que levantan falsos testimonios, los que no perdonen tu pasado, los que solo pueden ver lo exterior, los que te hagan la guerra, los que duden de tu llamado, los que te usen y luego te abandonen cuando ya no te necesiten, o cuando no les seas útil o cuando estés en medio de una prueba, los que envidien tus bendiciones pero no tus procesos, los que te acusen de estar loco y más. Solo apártate de ellos (Romanos 16:17), sin juzgar o aun menos sin imitarlos.

No te preocupes por los que los demás esperan de ti, solo por lo que Dios a diseñado para ti, si es necesario apártate de las influencias negativas, aunque sean persona que tu amas. No permitas que nada te detenga sigue adelante.

Nunca permitas que entre amargura, rencor o venganza. Perdona a todos, entendiendo que perdonar no quiere decir confiar o permanecer en la misma situación, a menos que sea la dirección de Dios. Jesús solo permitió que lo mataran cuando llego el momento, en las demás ocasiones salió del lugar (Juan 11:54).

Si realmente quieres que la voluntad de Dios se cumpla en tu vida nada ni nadie podrá detenerte, ni circunstancias, ni resistencias, ni oposiciones, ni obstáculos, ni tribulaciones, ni dificultades. Pero es necesario que seamos capacitados, entrenados, probados y perfeccionados para poder ejercer de manera eficaz y responsable con lo que haremos para el Rey Supremo.

Cuando seamos probados no nos enfoquemos en la prueba, ni en la persona que voluntaria o involuntariamente se haya dejado usar por el enemigo, más bien determinémonos a obtener las bendiciones espirituales que se producirán cuando estas terminen.

Las pruebas producen paciencia, por lo tanto las pruebas son necesarias para adquirir paciencia y la paciencia es necesaria para obtener la promesa de Dios. Debemos vencer las tentaciones, resistir las pruebas y recibiremos la corona de vida.

En estos tiempo es necesario mantener los ojos y los oídos abiertos ya que hay muchos engañadores, pero si realmente quieres hacer la voluntad de Dios, confía, porque el mismo Dios se encargará de hacerte saber cuando la doctrina viene de Él (Juan 7:17).

Permanece atento y escucha al hombre que es temeroso, maduro y que hace la voluntad de Dios (Juan 9:31).

Escudriña los frutos y no los dones, solo los frutos del Espíritu desarrollados en una persona dan testimonio de que la persona ha sido ejercitada en ellos.

Los verdaderos discípulos de Cristo se reconocen por sus frutos no por sus dones, (Mateo 7:16) y por el amor los unos con los otros (Juan 13:35). Si sus frutos o su amor son fingidos pronto quedarán al descubierto.

Es un honor ser participantes y colaboradores en los propósitos eternos de Dios para la humanidad. Seamos agradecidos y sirvámosle a Dios agradándole con temor y reverencia, con amor y consistencia.

ADVERTENCIA

*El señor no retarda su promesa,
según algunos la tienen por tardanza,
sino que es paciente para con nosotros,
no queriendo que ninguno perezca,
sino que todos procedan al arrepentimiento.
Pero el día del Señor vendrá como ladrón en la
noche; en el cual los cielos pasarán con grande
estruendo, y los elementos ardiendo serán
deshechos, y la tierra y las obras
que en ella hay serán quemadas.*
(2 Pedro 3:9-10)

Muchos blasfeman el nombre de Dios y dicen que Dios es insensible, que no le importa lo que nos pasa ya que Él tiene el poder para terminar la maldad, el sufrimiento, la perdida de seres queridos, las enfermedades, la guerra, el dolor, el odio y no lo hace. Cuando ocurre una catástrofe o una tragedia muchos dicen que fue la voluntad de Dios, pero la verdad es otra, Dios no quiere que estas cosas sucedan.

Y vio Jehová que la maldad de los hombres era mucha en la tierra, y que todo designio de los pensamientos del corazón de ellos era de continuo solamente mal. Y se arrepintió Jehová de haber hecho hombre en la tierra, y le dolió en su corazón. (Génesis 6:5-6).

En los tiempos de Noé la maldad se multiplicaba sobre la tierra. La gente solo pensaba en hacer lo malo y para Dios fue muy doloroso ver en lo que se convertía Su creación. Aunque la humanidad merecía ser destruida Dios tuvo misericordia y no destruyó en su totalidad al hombre sino que le dio una oportunidad para comenzar de nuevo.

Dios no ha cambiado, Él se compadece de los que sufren. Dios no quiere que el ser humano muera, sufra o que hayan destrucciones. Es cierto que Dios permite estas cosas, pero existe una diferencia entre permitir que algo suceda y causarlo. También existe una razón por la cual Dios permite que estas cosas sucedan y como ya muchos saben, la razón es el pecado.

El hombre sabe lo que es bueno y lo que es malo, Dios le ha permitido al hombre elegir y el hombre elige si quiere seguir el buen camino o el malo (Deuteronomio 30:19). Cuando el hombre elige el mal camino sencillamente se está dejando influenciar por un enemigo invisible llamado Satanás.

Cuando te dejas convencer por el enemigo para hacer algo malo, indefectiblemente tendrás consecuencias y, lo más triste es que tal vez también las personas inocentes que dependen de ti, que estén vinculadas contigo o que están a tu alrededor pagarán las consecuencias junto contigo.

Si un padre de familia es apresado porque robó, la esposa y los hijos sufrirán, Dios no tiene la culpa ni quiere que la esposa y los hijos sufran, pero no puede actuar a favor de una persona que obra mal.

En cambio, Dios puede ayudar a esa madre a salir adelante con sus hijos, mientras el padre está en la cárcel y al padre le da la oportunidad de que se arrepienta y no lo vuelva a hacer. Si el padre se arrepiente Dios lo perdona, lo ayuda y lo restaura, pero de todos modos debe pagar ante la sociedad la consecuencia de sus actos.

Dios no quiere que pasen estas cosas, pero es imposible que Dios justifique el mal, porque Él es Santo. Dios nos ama pero no apoyará lo mal hecho, Él jamás admitirá lo incorrecto. Solo cuando una persona se arrepiente de corazón y se pone en manos de Jesús, es justificado de sus pecados, pero no exonerado de las consecuencias. Pero si su arrepentimiento es de corazón Dios usará la consecuencia para bendecirlo espiritualmente y lo restaurará.

Es cierto que para Dios no hay nada imposible, Él es todopoderoso y tiene el poder para eliminar el sufrimiento que la maldad ha causado, es la voluntad de Dios hacerlo y lo hará, pero Dios le está dando una oportunidad al hombre de que se arrepienta.

Dios ha prometido que eliminará la influencia de Satanás, acabará para siempre con el mal, convertirá la tierra en un paraíso, restaurará al hombre a la perfección y le permitirá vivir eternamente, y lo que Dios ha prometido lo cumplirá.

Dios llenará la tierra de personas perfectas, justas, que sean felices, que estén llenas de amor, que gocen de buena salud. No habrá muerte, engaño, opresión, enfermedades, pestes, escases, delitos, crueldades, crímenes, guerras, ni violencias, el pueblo de Dios vivirá tranquilo, seguro y en paz eternamente y para siempre.

Aunque sabemos que Dios es amor, **no podemos engañarnos pensando que el amor de Dios pasará por alto la injusticia.** Solo aquellos que se arrepientan de corazón alcanzarán misericordia, pero los injustos serán castigados en el día del juicio (Romanos 2:5-9).

Aunque Dios ama al mundo y quisiera que todos procedan al arrepentimiento, finalmente **Dios destruirá a los injustos, para que los justos prosperen.** Dios mismo pagará con tribulación a los que atribulan (2 Tesalonicenses 1:6).

Aunque Dios es misericordioso, llegará el tiempo en que Su Palabra se cumplirá y **Dios ha prometido que lo malo no existirá más.** Para que lo malo no exista más, los que hacen maldad deben ser destruido (Salmos 37:20).

Jehová ha permitido que las personas se gobiernen a sí mismas, cumpliendo así con Su Palabra de que el hombre es libre de escoger, pero Dios no es el causante de la maldad que hay en el mundo, Él no ha dirigido al hombre por mal camino, es el hombre mismo quien ha decidido. Dios no hace injusticia, ni tiene la culpa de nuestros problemas.

El hombre debe reconocer que el único responsable de toda maldad es Satanás y el mismo hombre. Desde el principio Satanás se opuso a Dios, engañó al hombre y tomó el gobierno de la tierra.

A pesar de todo el esfuerzo humano, el hombre no ha podido demostrar que puede gobernar la tierra eficazmente por sí solo y menos bajo la guía de Satanás. La pobreza, el hambre, las enfermedades, la delincuencia, la muerte, las tragedias, la guerra, el odio, el dolor, el sufrimiento, la inmoralidad y el mal vivir aumentan cada día más. **Solo el gobierno establecido por Dios podrá erradicar para siempre el mal.**

Es necesario que el hombre habrá sus ojos y cambie de proceder. Todo aquel que practique el mal, que blasfeme el nombre de Dios y no se arrepienta será destruido (Apocalipsis 19:21). Dios eliminará al hombre que permanezca en pecado y eliminará el sufrimiento que la maldad ha causado.

Mire a su alrededor y compruebe la forma en que Satanás gobierna el mundo. Estoy segura que usted no está de acuerdo con este sistema de gobierno, Dios le está dando una oportunidad de que usted se ponga de acuerdo con Él para que este sistema sea sustituido por el gobierno celestial.

Es necesario que el hombre se arrepienta, que admita que solo bajo la dirección de Dios podrá ser salvo y que comience a clamar para que el Reino de Dios venga a la tierra en toda su plenitud (Isaías 33:2).

EL FINAL

*Y el que no se halló inscrito
en el libro de la vida
fue lanzado al lago de fuego.*
(Apocalipsis 20:15)

La iglesia de Jesucristo será levantada, todos los muertos en Cristo resucitarán para vida eterna y para recibir su recompensa. Cualquier persona que esté en Cristo y esté viva en el momento del levantamiento se reunirá con los resucitados en las nubes. Se les dará un nuevo cuerpo espiritual, perfecto y glorificado.

Los que hayan trabajado para el Señor fielmente, los que se hayan santificado para Dios y su nombre este inscrito en el libro de la vida del cordero, estarán en la cena de las bodas del cordero y morarán junto a Jesús eternamente.

Jesús regresará a la tierra y hará justicia, juzgará, peleará y vencerá la maldad. Satanás será atado por mil años, en los cuales Jesús y los resucitados reinarán sobre toda la tierra por mil años (Apocalipsis 20:6).

Aunque después de estos mil años, Satanás será suelto por un espacio de tiempo, finalmente el principado y autoridad que Satanás ejerce sobre la tierra, les serán quitados en su totalidad. El diablo no podrá engañar más a las naciones, este será lanzado en el lago de fuego y azufre donde será atormentado día y noche por los siglos de los siglos.

Habrá un gran juicio final donde todos los muertos, tanto los justos como los malvados, resucitarán y tendrán que rendir cuentas al Creador ante Su gran trono blanco. Los libros serán abiertos, y el libro de la vida será abierto, y serán juzgados por las cosas que estén escritas en los libros, según hayan sido sus obras.

El hombre justo, manso y humilde que su nombre este inscrito en el libro de la vida, vivirá en paz y eternamente sobre la tierra. Todo aquel que su nombre no este escrito en el libro de la vida será condenado al castigo eterno (Mateo 25:46).

Dios finalmente hará nueva todas las cosas. Habrá un nuevo cielo y una nueva tierra, donde no habrá más maldición, muerte, hambre, dolor, llanto, tristeza, clamor, guerras, pestilencias o catástrofes.

El amor, la justicia y la paz reinaran por siempre.

CONCLUSIÓN

*Jehová de los ejércitos juró diciendo:
Ciertamente se hará de la manera
que lo he pensado, y será confirmado
como lo he determinado*
(Isaías 14:24)

La soberana voluntad de Dios, indudablemente será hecha.

1. Todo lo que Dios creó, lo creó para Su Hijo.
   "Jesús reinará sobre la tierra, eternamente y para siempre"
   Y ahora, concebirás en tu vientre, y darás a luz un hijo, y llamarás su nombre Jesús. Este será grande, y será llamado Hijo del Altísimo; y el Señor Dios le dará el trono de David su padre; y reinará sobre la casa de Jacob para siempre, y su reino no tendrá fin (Lucas 1:31-33).
2. Dios hizo un Jardín en Edén, un paraíso en la tierra.
   "La tierra será restaurada, será convertida en un paraíso nuevamente"

Vi un cielo nuevo y una tierra nueva; porque el primer cielo y la primera tierra pasaron, y el mar ya no existía más (Apocalipsis 21:1).
3. El Jardín de Edén fue creado para humanos perfectos.
"La tierra se llenará de humanidad perfecta y pacífica"
Los justos heredarán la tierra, y vivirán para siempre sobre ella (Salmos 37:29).

Tal vez ya has adquirido la salvación a través del regalo que Dios te ha hecho por haber creído en Su Hijo y por haberlo recibido como tu Señor. Tal vez tu amor a Dios te ha llevado a ayudar en la obra de Dios en lo que puedes, pero no sientes la convicción de que esta es la voluntad de Dios para tu vida o tal vez no has hecho un compromiso formal con Jesús de colaborar en el propósito de Dios que involucra el propósito de Dios para tu vida.

Si este es tu caso, te diré que en este día Jesús te está invitando a participar de manera voluntaria y responsable en dicho propósito. Una vez que has conocido los detalles, dejo en tus manos la decisión que de manera simbólica puedes sellar en este momento al firmar la aceptación de la invitación en la siguiente tarjeta:

Invitación

Por medio de esta tarjeta estas recibiendo
Una invitación con motivo de
El Propósito de Dios para tu Vida.

De: Jesús
Para: Ti
Fecha: En este mismo momento

....
Firme para aceptar:

Si has firmado quiere decir que has aceptado la invitación, De convertirte en un discípulo fiel de Jesús, Por lo tanto prepárate para ser parte de La boda más especial que jamás hayas oído o visto

"Las Bodas del Cordero"
¡Bienvenido al Reino de los Cielos!

REFERENCIAS

Biblia Plenitud (Biblia de estudio). Versión Reina Valera, 1960 © 2007 por Grupo Nelson

Diccionario Bíblico Ilustrado Holman. Edición General: S. Leticia Calcada. ISBN: 978-0-8054-9490-7

El Pequeño Larousse Ilustrado. © 2007 Diccionario Enciclopédico Ediciones Larousse, S. A. de C.V. (Decimotercera Edición).

Nueva Concordancia Strong exhaustiva. James Strong, L.L.D; S.T.D.
ISBN: 0-89922-382-6

Nuevo Diccionario Bíblico Certeza (Segunda edición). Ediciones Certeza Unida.

Otros títulos de la autora
En este mismo sello editorial

Conoce al Dios Verdadero
Jehová tiene un mensaje para ti
Escrito con la intención de dar a conocer a Jehová. Su Amor. Su Poder Su Misericordia. Su Soberanía Su Fidelidad. Su Sabiduría. Su Propósito. Su Ira. Su Justicia. Su Eternidad.

Conoce a Jesús el Hijo de Dios
Jesús te ofrece una nueva vida
Escrito con el propósito de darte a conocer el amor de Dios, quien a través de su Hijo quiere darte todo lo que tú necesitas para iniciar una nueva vida, llena de paz y gozo.

Conoce al Espíritu Santo de Dios
El Espíritu de Jehová quiere ser tu amigo
Escrito para aquellos que creen que el Espíritu Santo es algo lejano y extraño. Yo también alguna vez lo creí. El Espíritu de Dios está sobre mí y me ha ungido para cambiar mi vida.

Conoce a tu enemigo invisible
Satanás es real y quiere destruir tu vida
No permitas que Satanás te siga engañando para usarte y destruirte; para que, sin que te des cuenta, lo ayudes con sus propósitos de destruir a la creación de Dios y a ti mismo.

Consígalos en elaleph.com, Amazon.com, Barnes & Noble y en una amplia red de librerías digitales del mundo.

www.ingramcontent.com/pod-product-compliance
Lightning Source LLC
Chambersburg PA
CBHW060206050426
42446CB00013B/3002